D0188231

les chiens

les chiens

DANS L'ART, LA PHOTOGRAPHIE ET LA LITTÉRATURE

EVERGREEN

Illustration page 2 : David Hockney, *Peinture de chien 25* (1995)
Illustrations pages 3 & 5 : Gaylen Hansen,
Deux Chiens, l'un de couleur verte (1985)
Illustration page 4 : Anthony Holdsworth,
Bouche d'incendie verte (1993)

EVERGREEN is an imprint of Benedikt Taschen Verlag GmbH

© pour cette édition : 2000 Benedikt Taschen Verlag GmbH
Hohenzollernring 53, D–50672 Köln

Copyright: © The Ivy Press Limited 2000
The Ivy Press Limited
The Old Candlemakers, West Street
Lewes, East Sussex, BN7 2NZ
Art Director : PETER BRIDGEWATER
Editorial Director : SOPHIE COLLINS
Designer : CLARE BARBER
D.T.P. Designer : CHRIS LANAWAY
Senior Project Manager : ROWAN DAVIES
Editor : MANDY GREENFIELD
Picture Research : LIZ EDDISON

Traduction de l'anglais : Edith Magyar, Paris
Couverture : Catinka Keul, Cologne

Printed in China
ISBN 3–8228–6339–4

sommaire

introduction

Dès que l'humanité s'est mise à utiliser les chiens, les artistes se sont plu à représenter ces sympathiques quadrupèdes. On trouve en Espagne et en Afrique du Nord des peintures rupestres où apparaissent des créatures primitives, d'allure canine, chassant aux côtés d'hommes préhistoriques. La chasse est restée, pendant des siècles, la fonction première du chien et, par conséquent, un sujet privilégié des arts plastiques. Les Assyriens et les Hittites, en particulier, sculptèrent d'extraordinaires reliefs de chasses au lion dans lesquels les chiens occupent une place de choix.

Progressivement, le répertoire s'est élargi, incluant des thèmes religieux et mythologiques. Dans les hiéroglyphes égyptiens, on reconnaît Anubis, le dieu de la mort, à sa tête de chacal ; les artistes de la Grèce antique représentaient Diane chasseresse

ÉGYPTE
SCULPTURE DE CHACAL

PIERO
DI COSIMO
LA MORT
DE PROCRIS

avec sa meute ou Cerbère, le gardien de l'Hadès, avec ses trois têtes.

Au Moyen Âge, la thématique canine s'enrichit encore. Les chiens sont présents dans de nombreuses représentations d'épisodes bibliques, celui de Tobie et de l'ange, par exemple (*voir p. 328*), ou celui de la Cène dans lequel Judas est traditionnellement accompagné d'un chien, assis à ses pieds. C'est à cette époque que surgirent des œuvres spécifiquement centrées sur les animaux.

Entrent, dans cette catégorie, les bestiaires (manuscrits enluminés où des créatures allégoriques portent un message moralisant) et les traités de chasse. Le plus célèbre est le *Livre de la Chasse* (vers 1405) par Gaston III, comte de Foix et de Béarn (1331–1391), qui illustre, pour la première fois, certaines maladies canines et l'emploi des chiens pour traquer les criminels.

Les manuscrits médiévaux nous donnent aussi de fascinants témoignages sur la place des chiens dans la vie quotidienne de l'époque.

ANDREA
DEL SARTO
TOBIE ET
L'ARCHANGE
RAPHAËL

LE PSAUTIER
DE LUTTRELL
CHIEN SAVANT

La plupart des Livres d'Heures (ou livres de prières) contiennent des calendriers illustrant de manière charmante la ronde des saisons. Ainsi, on voit dans *Les Très Riches Heures* du duc de Berry (1340–1416) des chiens de races différentes mangeant les restes de leur maître (janvier), se réchauffant près du feu d'un paysan (février), guidant des moutons (mars) ou chassant le sanglier (décembre).

REINAGLE
UN APRÈS-MIDI
DE CHASSE

À partir de la Renaissance, les chiens figurent dans nombre de portraits. Les hommes d'État et les nobles se faisaient généralement peindre avec leurs chiens de chasse pour souligner leur pouvoir et leur rang. En effet, la possession d'une meute implique que l'on a des terres, et le loisir d'y organiser de grandes chasses. Quant aux dames, elles posaient avec leurs petits chiens de salon, symboles de leur raffinement et de leur fidélité conjugale. Ailleurs, le chien est censé refléter la personnalité du modèle comme dans l'*Autoportrait au chien* de William Hogarth.

LARGILLIÈRE
LA BELLE
STRASBOURGEOISE

Au XVIIIe siècle, les scènes de chasse sont pour les peintres une occasion toute trouvée pour représenter des chiens. Certains animaliers, d'ailleurs, se spécialisent dans ce domaine et beaucoup de portraits canins témoignent, par conséquent, d'un remarquable niveau de précision anatomique qui nous éclaire sur l'évolution des diverses races. Face à cette approche objective, se développe aussi une tendance à utiliser les chiens dans des scènes de genre sentimentales. La présence d'un chien affligé souligne le pathétique des tableaux figurant des amours contrariées, des séparations douloureuses et des deuils tragiques.

Quand l'art du XXe siècle affirme sa rupture avec le naturalisme, le chien joue dès lors un rôle moins important. Il continue pourtant à se manifester dans de nombreuses formes d'art populaire moderne – le cinéma, le dessin animé et les affiches publicitaires. À l'évidence, le meilleur ami de l'homme est (et restera) une féconde source d'inspiration pour les artistes.

ARCHER
CHIEN PLEURANT
SON JEUNE MAÎTRE

chiens sportifs

Pour la race canine, le premier sport est la chasse. Pendant des milliers d'années, ce fut la fonction essentielle assignée aux chiens domestiques, celle qui s'appuie sur ses instincts fondamentaux.

Pratiquement dès l'origine, on fit la différence entre les chiens qui utilisent leur flair et ceux qui se fient à leur vue. Ces derniers comptent sur leur rapidité pour capturer leur proie.

BEARD
LÉVRIER DANS
UN PAYSAGE VALLONNÉ

FRANCE
LA CHASSE AU LOUP

En Occident, les races les plus prisées étaient les lévriers et les whippets, entraînés à courser les lièvres. Ailleurs, on a privilégié les lévriers afghans ou persans (Salukis), également capables de courir très vite, et qui chassaient le gros gibier.

Les chiens qui se fient à la finesse de leur nez pour chasser se divisent en de nombreuses catégories. Les chiens d'arrêt (pointers ou setters) localisent leur proie et indiquent au chasseur où elle se pour rapporter les oiseaux morts ou blessés. Les épagneuls savent faire sortir le gibier de sa cachette et le rapporter. En général les braques et les terriers sont utilisés en meutes. Les premiers étaient dressés à chasser les renards, ignorant tout autre odeur, tandis que les terriers devaient poursuivre leurs proies dans leurs tanières.

Le besoin de chasser des espèces particulières poussa certains chasseurs à développer de nouvelles races de chiens pour les aider. Le Sealyham-Terrier, par exemple, fut au milieu du XIXe siècle par le capitaine Joh wardes. Sa propriété de Sealyam, dans le pa Galles, était infestée de putois, ce qui l'incita à cr un nouveau type de terrier, assez petit pour se f un chemin dans les galeries les plus étroites. Le

Russel-Terrier tire son nom d'un pasteur du Devonshire qui s'appliqua à créer une race de chiens capable de poursuivre les renards dans leurs renardières.

La chasse, sous toutes ses formes, a sans aucun doute été la première activité sportive des chiens mais ils ont pratiqué d'autres sports. Relativement récentes, les courses de chiens connurent un succès croissant. L'idée, née en Amérique au début du XXe siècle, a été importée en Europe dans les années 20. L'initiateur s'appelait Owen Smith (mort en 1927). Les courses s'attirèrent d'abord le mépris des snobs, mais il est réconfortant de penser que si les Anglais seraient incapables de citer le nom d'un gagnant d'exposition canine, beaucoup ont entendu parler de Mick the Miller, célèbre lévrier qui remporta deux fois le Grey-

Dans les régions glacées du grand Nord, les courses de chiens prennent des formes très différentes. Le «All-Alaska Sweepstake» est une course à traîneau éreintante où concourent des équipes de huskies ou de malamutes. L'événement dure cinq jours et les chiens parcourent 676 km. Inutile de dire qu'ici, c'est la résistance, et non la vitesse, qui est le facteur déterminant.

Dans le passé, on a organisé des jeux canins beaucoup moins inoffensifs. Les combats de chiens et d'ours sont restés légaux en Angleterre jusqu'en 1835, et la chasse aux rats, plus longtemps encore. En 1825, un chien nommé Billy devint une sorte de vedette après avoir déposé 100 rats dans le Westminster Pit en à peine plus de cinq minutes. La France et l'Angleterre ont interdit les combats de chiens dans les années 1830 mais leur suppression s'imposa avec beaucoup de difficultés.

ALKEN
COMBAT DE CHIENS
ET DE TAUREAU

MARSHALL
CHASSE AU LIÈVRE
1870

 La chasse est, en Grande Bretagne, un sport très ancien puisque les lois de Canut y font déjà référence en 1016. C'est le duc de Norfolk (1558–1603) qui rédigea le premier code de chasse, encore largement suivi en 1858 quand fut créé le National Coursing Club Committee (organisme de réglementation internationale). La première Waterloo Cup, l'événement le plus prestigieux du monde de la chasse, eut lieu en 1836.

JOHN MARSHALL, actif 1840–1896

BAILEY
CHASSEUR ET SON CHIEN DANS
UN CHAMP DE BLÉ
vers 1990

Un chien de rapport né-
cessite un minutieux dressage.
Il faut lui apprendre à attendre
patiemment, à côté de son maître, que le gibier soit touché
pour qu'il puisse le rapporter.
Le rôle du chien est évident
dans un terrain comme celui-ci,
sans aucune visibilité. Grâce à
son flair, l'animal retrouve très
vite l'oiseau mort, ce qui aurait
été impossible au chasseur.

BRIAN BAILEY, XXe siècle

GRÈCE
LE RETOUR DU CHASSEUR
vers 500 av. J. C.

Le lévrier est une des races de chiens les plus anciennes. Utilisé par les Grecs et les Égyptiens pour chasser divers
petits animaux, il est abondamment représenté dans l'art et
l'artisanat de l'Antiquité.

DOUGLAS
LA GIBECIÈRE
XIXe siècle

Écossais, Douglas s'est formé à l'école d'art de la Royal Academy et son œuvre a subi l'influence d'Edwin Landseer (1802–1873). Avec leurs poils lisses, bien peignés, et leur regards mélancoliques, ces épagneuls ressemblent plus à des chiens de salon qu'à des chiens de chasse.

EDWIN J. DOUGLAS, 1848–1914

EMMS
CHIENS AVEC UN LIÈVRE
vers 1890

Emms est issu d'une famille d'artistes. Son père, Henry William Emms, était aussi peintre. Né dans le Norfolk, John s'installa à Londres dans les années 1860 et il y devint l'assistant de Lord Leighton (1830–1896). Rapidement, il trouva un marché pour ses tableaux de chiens où il exprimait avec un grand talent la variété de leurs expressions.

JOHN EMMS, 1843–1912

BOUCHER
DIANE AU BAIN
1742

Boucher, un des maîtres du rococo, fut le peintre favori de la maîtresse de Louis XV, Madame de Pompadour (1721–1764). Les divinités mythologiques lui offraient un prétexte pour peindre des nus d'une grande sensualité. On reconnaît ici Diane à ses trophées de chasse et au bijou en forme de croissant de lune (dont elle était aussi la déesse) ornant son front.

François Boucher, 1703–1770

« Le chien oisif aboie à ses puces, mais celui qui chasse ne les sent pas. »

PROVERBE CHINOIS

FRÉMIN
DIANE AU CHIEN
XVIIIe siècle

Le chien joueur saute sur sa maîtresse qui veut saisir son arc. Les chiens des légendes grecques étaient beaucoup moins sympathiques. La meute de Diane se jetait sur tout mortel qui surprenait la déesse dans ses activités.

René Frémin, 1672–1744

23

PEAKE
PORTRAIT D'ENFANT
XVIIᵉ siècle

On voit souvent des chiens dans les portraits d'enfants de l'époque, bien qu'on ne les considérât pas alors comme des compagnons familiers. Les familles aristocratiques possédaient des chiens pour chasser, et ce n'est pas un hasard si le garçonnet arbore ici son attirail de chasse. Le chien était un signe de rang et de richesse.

ROBERT PEAKE, actif 1580–1626

BEARD
LÉVRIER DANS UN PAYSAGE VALLONNÉ
XIXᵉ siècle

Beard est un peintre peu connu qui a commencé sa carrière comme portraitiste. En 1846, il partit à New York et se mit à peindre des animaux. Ses tableaux de chiens sont bien dans la tradition anglaise, composés généralement d'un unique sujet situé dans un paysage très travaillé.

JAMES HENRY BEARD, 1814–1893

LE DOMINIQUIN
CHASSE DE DIANE
1617

Diane était la vierge chasseresse, emblème traditionnel de chasteté. Tout intrus qui cherchait à la voir avec ses nymphes était frappé mortellement. Bravant cet interdit, deux jeunes gens ont observé la scène depuis des buissons, à droite. Mais ils ont été repérés. À côté d'eux, le chien s'apprête à les attaquer tandis que Diane (reconnaissable à sa coiffure en croissant de lune) appelle les jeunes filles aux armes.

LE DOMINIQUIN
(DOMENICO ZAMPIERI),
1581–1641

DAVIS
LA MEUTE
1891

La chasse en meute exacerbe les instincts les plus primitifs du chien. Les chiens courants pistent le renard non pas tant par son odeur corporelle que par les odeurs laissées par ses pattes sur le sol, et ils se communiquent les résultats de leur recherche en aboyant. Comme ils ne peuvent pister une forte odeur trop longtemps, ils prennent tour à tour le rôle du meneur.

ARTHUR ALFRED DAVIS, actif 1877–1891

pages suivantes : ▶

LANDSEER
OTTER HOUNDS
vers 1843

Cette scène est un détail d'un grand tableau intitulé *La Chasse à la loutre* et commandé par Lord Aberdeen (1784–1860). Les chiens ont un regard avide car le chasseur qui vient d'abattre la loutre, balance son corps devant la meute avant de le lui abandonner.

EDWIN LANDSEER, 1802–1873

27

COSTER
CHIEN SURVEILLANT LE GIBIER
XVIIᵉ siècle

Les natures mortes de gibier étaient un des thèmes favoris des peintres de l'école flamande et, tout naturellement, ils y introduisirent les chiens de chasse. Coster a su rendre avec bonheur le regard du chien qui surveille attentivement les oiseaux comme s'ils étaient toujours vivants.

JAN COSTER, XVIIᵉ siècle

« Combien fausse, de l'épagneul, la mélancolie !
Est-ce de lui que l'homme
apprit la flagornerie ?
Un chien compétent qui,
des affaires, a le sens infus
Et le premier flatteur par la nature conçu !
Homme, discerne les manières de cour
Et de l'épagneul, apprends toujours
Comment les renards voleurs
S'attirent censure ou heur. »

JOHN GAY, 1685–1732

GRAEME
« TOUCHÉ » – ÉPAGNEUL ET FAISAN
XIXᵉ siècle

Le père de Graeme, R.H. Roe (1793–1880), était peintre, ainsi que d'autres membres de sa famille. Pour se distinguer d'eux, il omettait son patronyme quand il exposait ses œuvres. Il se spécialisa dans la peinture de chevaux, de chiens, et les scènes de chasse.

COLIN GRAEME, 1858–1910

31

LEWIS

CHIENS ET CAVALIERS

XVIIIᵉ siècle

Dans les milieux aisés de l'Angleterre georgienne, les chiens n'étaient pas utilisés exclusivement pour la chasse. Ils accompagnent ici leurs élégants maîtres dans une promenade à cheval sur les berges d'une rivière.

JUDITH LEWIS, active 1775–1776

FRANCE

CHIENS DE CHASSE
À LA COUR
vers 1405

En 1387–1388, Gaston III, comte de Foix et de Béarn (1331–1391) rédigea un des plus importants traités de chasse. Son *Livre de la Chasse* nous livre de précieuses informations sur les races de chiens de l'époque et sur la façon dont on les nourrissait et les soignait. Cette version enluminée fut sans doute exécutée dans un atelier parisien pour Jean sans Peur, duc de Bourgogne (1371–1419).

HENWOOD
FOX-HOUNDS AU CHENIL
vers 1840

🐗 Les chiens courants doivent
vivre en meute au chenil pour garder
intacts leurs instincts chasseurs. En
revanche, les chiens de rapport, qui
ont plus de contacts avec l'homme,
doivent être dressés individuellement
car ils chassent avec leur maître,
et non avec d'autres chiens.

THOMAS HENWOOD, XIXe siècle

STUBBS
RINGWOOD, LE FOX-HOUND
DE BROCKLESBY
1792

🐗 Stubbs n'eut pas à proprement
parler de formation picturale mais ses
études poussées en anatomie contri-
buèrent à en faire un des meilleurs
peintres animaliers anglais, surtout
connu pour ses chevaux. Cependant
ce portrait de chien, fierté de la meute
de Brocklesby, est considéré comme
une de ses plus belles réussites

GEORGE STUBBS, 1724–1806

FRANCE
LA CHASSE AU LOUP
VERS 1405

 Cette délicieuse minia-
ture, avec ses chiens au corps
incroyablement allongé, est tirée
du célèbre *Livre de la Chasse*
(1387–1388) de Gaston III (plus
connu sous le nom de Gaston
Phœbus, surnom dû à son écla-
tante beauté). La chasse aux
loups n'était pas une activité
traditionnelle, mais ces animaux
représentant un danger pour
les hommes et le bétail, on
s'employa à les exterminer.

GRÈCE
DEUX LOUPS ENLEVANT
UN BÉLIER
VIᵉ siècle av. J. C.

Cette figurine en terre cuite est dite de Tanagra car elle fut
mise au jour, en 1874, avec toute une collection similaire, dans la
ville de Tanagra en Béotie (Grèce centrale). Ces figurines représentent
généralement des personnes, et non des animaux, mais le loup était
malheureusement une créature présente dans la vie quotidienne.
Sa taille disproportionnée suggère la peur qu'il inspirait.

« Bon chien chasse de race. »

PROVERBE FRANÇAIS

PALIZZI
CHASSE AU RENARD
1850

La famille Palizzi avait la peinture dans le sang. Ses trois frères devinrent peintres, mais Filippo fut de loin, le plus célèbre des quatre enfants. Son talent d'animalier est évident mais il fut surtout apprécié pour ses paysages qui lui valurent d'être considéré comme le chef de file du réalisme italien. À la fin de sa vie, il dirigea l'Académie de Naples (1878–1880).

FILIPPO PALIZZI, 1818–1899

41

ARMFIELD
BATTUE
XIXᵉ siècle

 Les épagneuls sont utilisés pour la chasse au gibier d'eau, car ils sont particulièrement doués pour débusquer les oiseaux et leur faire prendre leur envol. Les épagneuls anglais (springers) sont de grands sauteurs tandis que les cockers spaniels n'ont pas leur pareil pour repérer les bécasses. Une fois l'oiseau envolé, il devient une cible plus facile pour le chasseur.

GEORGE ARMFIELD, VERS 1820–1893

ARMFIELD
LA REMISE
XIXᵉ siècle

George Armfield Smith est connu aujourd'hui sous le nom d'Armfield, mais il exposait parfois en signant Smith. Il fut à la fois un bon chasseur et un prolifique peintre animalier. Il a présenté trente-deux tableaux à la Royal Academy pendant les années 1840 et 1850. Les remises et pavillons de chasse lui fournissaient des sujets de nature morte lui permettant de déployer tout son talent.

GEORGE ARMFIELD, vers 1820–1893

ARMFIELD

 Les terriers (littéralement, « chiens de terre ») sont réputés pour leur ardeur à creuser et à s'enterrer. Dans les grandes chasses, ils poursuivaient les renards ou les lapins qui s'étaient enfouis sous terre. Ils étaient aussi très prisés par les fermiers qui souhaitaient être débarrassés des rats et autres animaux nuisibles.

GEORGE ARMFIELD,
vers 1820–1893

HANSEN
CAVALIER, CHIEN ET POISSON
1991

Ce tableau ludique d'Hansen est une version moderne de la traditionnelle scène de chasse. Ensemble, le cavalier et le chien tentent de réussir cette épreuve conventionnelle. L'architecture classique et le costume caractéristique de la Guerre de Sécession soulignent la nature intemporelle de cette activité.

GAYLEN HANSEN, né en 1921

45

LANDSEER

LES CHIENS D'ABBOTSFORD

1828

 Abbotsford, la demeure de Walter Scott (1771–1832), était toujours remplie de chiens. Ses préférés étaient Camp, un terrier noir et feu, et Maida, un grand lévrier anglais qui avait l'habitude de poser sa tête sur les genoux de son maître pendant qu'il écrivait. Ici Maida, âgée, se sert d'une armure comme d'un confortable oreiller.

EDWIN LANDSEER, 1802–1873

DESPORTES

CHIENS ET GIBIER

1730

Initialement portraitiste à la cour de Pologne, Desportes se fit un nom en France pour ses brillantes natures mortes et ses tableaux animaliers. Il fut nommé peintre de la vénerie de Louis XIV (1638–1715) et de Louis XV (1710–1774).

ALEXANDRE-FRANÇOIS DESPORTES, 1661–1743

RUBENS
MÉLÉAGRE ET ATLANTA
vers 1635

Dans un des épisodes de l'Iliade, la déesse Diane envoie un sanglier sauvage ravager le pays du roi Calydon qui l'a offensée. Une chasse est organisée par Méléagre, le fils de Calydon, et sa fiancée Atlanta. Ensemble, ils s'arrangent pour tuer la bête et le prince offre à Atlanta la tête et la peau de l'animal. Ici, on voit Cupidon les observer avec bienveillance et aider le prince à donner son étrange présent d'amour.

PIERRE PAUL RUBENS, 1577–1640

BOUCHER
DAPHNIS ET CHLOÉ
vers 1747–1750

Dans la mythologie antique, Daphnis est l'inventeur de la poésie bucolique. Il a des origines divines puisqu'il est le fils d'Hermès et d'une nymphe. C'est Pan, le dieu des bois, qui lui apprit la musique. On le voit ici en berger, avec la flûte de Pan à la taille et son chien à côté de lui, étreignant sa bien-aimée, Chloé.

FRANÇOIS BOUCHER, 1703–1770

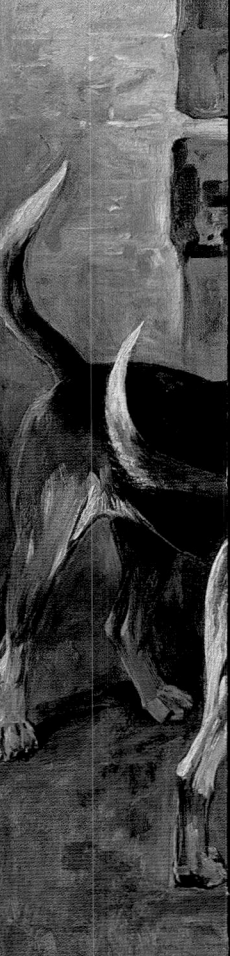

« Ah! Vous devriez avoir des chiens, des bêtes intelligentes ; un de mes chiens autrefois, un pointer, un instinct étonnant ; un jour que l'on chassait, on arrive près d'une chasse gardée ; coup de sifflet ; le chien s'arrête brusquement ; autre coup de sifflet ; Ponto ne répond pas ; immobilisé ; je l'appelle, Ponto, Ponto ; il ne bouge pas ; comme hypnotisé ; les yeux fixés sur un panneau ; je lève la tête et vois une inscription : Le garde-chasse a ordre de tirer sur tout chien passant sur ce terrain. Il ne voulait pas y aller ; un chien merveilleux, un chien précieux, très précieux.

– Étonnante histoire, dit M. Pickwick. M'autorisez-vous à la noter?

– Certainement, certainement, j'ai des centaines d'autres anecdotes sur cet animal. »

CHARLES DICKENS, 1812–1870

EMMS
ÉTUDE DE CHIENS COURANTS
XIXᵉ siècle

C'est au XVIIIᵉ siècle que la popularité des Fox-Hounds fut la plus forte, quand les chasseurs préféraient la chasse au renard à celle au chevreuil. Plus anciennement, le cerf avait été le privilège des rois et des grands de la cour ; les nobles moins fortunés entretenaient parfois des petites meutes de chiens courants pour chasser les lapins et le petit gibier.

JOHN EMMS, 1843–1912

WOODWARD
FOX-HOUNDS
vers 1840

Avant la vogue de la chasse au renard, le chien préféré des Anglais était le limier. Pour chasser, il fallait un animal plus rapide, et c'est ainsi que par divers croisements et sélections, naquit le Fox-Hound. Les standards de la race ne furent vraiment fixés qu'au XIXe siècle. Avant, comme l'énonce un proverbe populaire anglais, il y avait *Autant d'hommes, autant d'esprits, autant de chiens, autant de races.*

THOMAS WOODWARD, 1801–1852

SARTORIUS
HARRIERS DANS
UN PAYSAGE BOISÉ
1785

La famille Sartorius donna trois générations de peintres spécialisés dans les scènes de chasse. On connaît mal le père, John, mais son fils Francis exposa régulièrement à la Société des Artistes et à la Royal Academy. Quant au petit-fils, John Nost Sartorius (1759–1828), le plus talentueux des trois, il est célèbre pour ses tableaux des chasses de Quom et de Belvoir.

FRANCIS SARTORIUS, 1734–1804

« Le lévrier doit avoir la tête d'un serpent
Le cou d'un paon
Les pattes d'un chat
La queue d'un rat
Les flancs d'une loutre
L'échine d'une poutre. »

LE LIVRE DE ST ALBANS, 1486

ANGLETERRE
« WILD WOLF » AU WHITE CITY STADIUM DE LONDRES
1950

Les courses de lévriers se déroulent depuis
1927 au White City Stadium, à l'ouest de Londres.
Sur ce cliché, tiré du *Picture Post*, on voit courir
le chien Wild Wolf au Greyhound Derby de 1950.
Ce sport fut introduit en Grande-Bretagne par un
homme d'affaires américain, Charles Munn, et un
général de brigade A. C. Critchley. Ensemble, ils
créèrent l'Association des courses de lévriers.

BARKER
UN JACK-RUSSELL DEVANT UN TERRIER
vers 1890

Cette race fut créée par le pasteur John («Jack»)
Russell (mort en 1883). Il commença à élever des chiens
alors qu'il était encore étudiant à l'université d'Oxford.
En 1819, il acheta Trump, le géniteur des jack-russell, à un
laitier du coin. Russell devint un des membres fondateurs
du Kennel Club en 1873 et il fut souvent sollicité pour être
juge dans les expositions canines. Après sa mort en 1883, le
prince de Galles fit l'acquisition de son portrait préféré de
Trump et l'accrocha dans une salle de Sandringham House.

WRIGHT BARKER, 1864–1941

REINAGLE
UN APRÈS-MIDI DE CHASSE
vers 1804

Peintre écossais d'origine hongroise, Reinagle
se forma à la Royal Academy et il fut l'assistant du portraitiste Allan Ramsay (1713–1784). Très apprécié dans le
milieu des peintres de chasse, il donna ses meilleures œuvres au périodique *The Sportsman's Cabinet*. Il finit par se
spécialiser dans les tableaux de paysages où il excellait.

PHILIP REINAGLE, 1749–1833

ALKEN
COMBAT DE CHIENS ET DE TAUREAU
1820

🐾 Le chien est peut-être le meilleur ami de l'homme, mais l'inverse, malheureusement, n'est pas toujours vrai. Les combats de chiens et de taureaux étaient des jeux très cruels dans lesquels les premiers, lancés contre les taureaux attachés, s'efforçaient de les mettre à terre. Les bouledogues étaient les chiens préférés pour ces combats : ils sont capables de mordre puissamment et leurs narines profondément enfoncées leur permet de respirer sans lâcher prise.

HENRY ALKEN, 1785–1851

CARDON
LE CHIEN DU JARDINIER
XXᵉ siècle

🐾 Cette peinture à fresque de Cardon illustre une variante du vieux proverbe sur la gourmandise : « C'est le chien du jardinier qui ne mange pas de choux et n'en laisse pas manger. » Ici, le chien envieux harcèle les vaches, leur interdisant de s'approcher de leur auge emplie d'une nourriture dont lui-même ne saurait que faire.

CLAUDE CARDON, actif 1892–1915

le meilleur ami
de l'homme

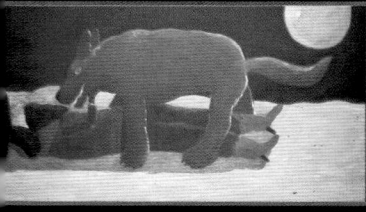

Par-dessus tout, l'humanité a aimé les chiens pour leur fidélité et leur amour inconditionnels. Dès le début de leur association, qui se perd dans la nuit des temps, l'homme a donné au chien abri et nourriture ; en échange, le chien a vaillamment gardé le territoire de l'homme, il l'a aidé à chasser et lui a offert son affection exemplaire.

Les écrivains et les artistes se sont employés à illustrer cette dévotion sans tache. Dans l'Antiquité, l'histoire la plus célèbre de loyauté canine apparaît dans l'*Odyssée* d'Homère. Presque à la fin de ses aventures, après de nombreuses années passées à guerroyer contre Troie et à vivre bien d'autres péripéties, Ulysse rentre chez lui. Il s'habille de loques de mendiant pour ne pas être reconnu car il veut savoir si

HANSEN
CHIEN ROUGE

STUBBS
POINTER (DÉTAIL)

sa femme lui est restée fidèle. Son déguisement n'est que trop efficace et, lorsqu'il rentre dans sa propriété, il est très mal reçu par ses amis et sa suite qui le traitent avec mépris. Seule une créature le reconnaît immédiatement, son chien fidèle, Argus. L'animal négligé, dévoré par la vermine, trop vieux et trop malade pour bouger, remue joyeusement la queue à la vue de son maître avant de mourir de vieillesse.

Dans toutes les cultures on retrouve des légendes similaires. Souvent très sentimentales, elles montrent combien le chien, en butte à de mauvais traitements, est mal récompensé de son affection sans borne. Elles ont offert aux peintres des sujets tentants, surtout au XIXe siècle, avec des maîtres animaliers comme Edwin Landseer (1802–1873). Mais, entre des mains moins talentueuses, ces thèmes peuvent prendre un aspect artificiel et carica-

La plus célèbre de ces histoires vraies se déroula à Édimbourg, ville à laquelle se rendait, tous les jours de marché, un berger avec son Skye-Terrier, Bobby. Gray mourut en 1858 et fut enterré au cimetière de Greyfriars. Toujours fidèle, Bobby s'installa sur la tombe de son maître et refusa d'en partir. Il y resta près de quatorze ans, ne quittant son poste qu'à midi pour aller manger la nourriture qu'on lui donnait à l'auberge, en face, où il avait l'habitude d'aller souvent avec son maître.

ARCHER
CHIEN PLEURANT
SON JEUNE MAÎTRE

Avec les années, Bobby de Greyfriars devint une célébrité en Écosse et, quand il mourut en 1872, on érigea une statue en son honneur aux portes du cimetière. On peut voir à Tokyo, un monument similaire en mémoire d'un Akita Inu japonais appelé Hachiko, qui resta neuf ans auprès de son maître décédé.

ÉTATS-UNIS
CHESTER CONKLIN
ET SON CHIEN

Plus récemment, c'est la publicité qui a fourni les plus célèbres images de fidélité canine. À la fin du XIXe siècle, un peintre obscur, Francis Barraud (1856–1924), accepta de s'occuper du chien de son frère mort prématurément. Barraud, charmé par le chien, un vif petit terrier appelé Nipper, décida de le peindre pendant qu'il écoutait un enregistrement de la voix de son défunt frère. Il envoya le tableau achevé, intitulé *La Voix de son maître*, à la Royal Academy pour l'exposer mais l'œuvre fut refusée. Barraud ne se laissa pas démonter. Il fit breveter sa création et la vendit à la société Gramophone en 1889.

Depuis, elle est devenue célèbre dans le monde entier comme logo de HMV (His Master's Voice / La Voix de son Maître). Ce chien qui écoute attentivement la voix de son maître mort symbolise désormais la qualité d'un son fidèlement retransmis.

ANGLETERRE
AMIS FIDÈLES

HANSEN
CHIEN ROUGE
1981

Inspiré par *La Bohémienne endormie* du Douanier Rousseau, Hansen nous propose une amusante énigme. La grosse créature canine est-elle un loup s'apprêtant à attaquer férocement le personnage couché ou un chien fidèle qui a choisi un moment inopportun pour témoigner son affection à son maître?

GAYLEN HANSEN, né en 1921

GAUGUIN
PASTORALES TAHITIENNES (DÉTAIL)
1893

Dans nombre de ses œuvres tahitiennes, Gauguin a voulu donner l'image d'un paradis terrestre, où hommes, femmes et animaux vivent en parfaite harmonie avec la nature. Bien sûr, le chien, le compagnon le plus proche de l'homme, a une place de choix dans ce jardin d'Éden.

PAUL GAUGUIN, 1848–1903

67

« Giallo ! Je ne te verrai
pas mourir,
Je ne te lancerai plus
de cailloux
Car avant toi, je partirai
Là où tu ne pourras
plus me faire fête
Ni aboyer, comme
maintenant,
Pour attirer mon
attention
Te demandant si je
suis sourd ou aveugle
Non Giallo,
et très bientôt
Tu gratteras la terre,
tu gémiras. »

WALTER SAVAGE LANDOR,
1775–1864
(ÉCRIT DANS SON VIEIL ÂGE)

ALDIN
UN SAUT CALCULÉ
XXᵉ siècle

L'intérêt d'Aldin pour les chiens
naquit avec la chasse (il fut dresseur
de Fox-Hounds) mais il est surtout resté
dans les mémoires pour ses illustrations
humoristiques où il donne aux attitudes
canines un tour très humain. Ici, l'effet
comique est rehaussé par l'aspect usé
des pantoufles et la tache faciale du
chiot qui évoque un œil au beurre noir.

CECIL ALDIN, 1870–1935

CALLIS
SANS TITRE
1998

Cette belle toile de Callis dépeint
un chien dans une pose très familière,
bavant sur le tapis, la langue pendante.
Comme les chiens n'ont de glandes su-
doripares que sous les pattes, ils sont
obligés de haleter pour maintenir la
température de leur corps à
son niveau normal.

JO ANN CALLIS, née en 1940

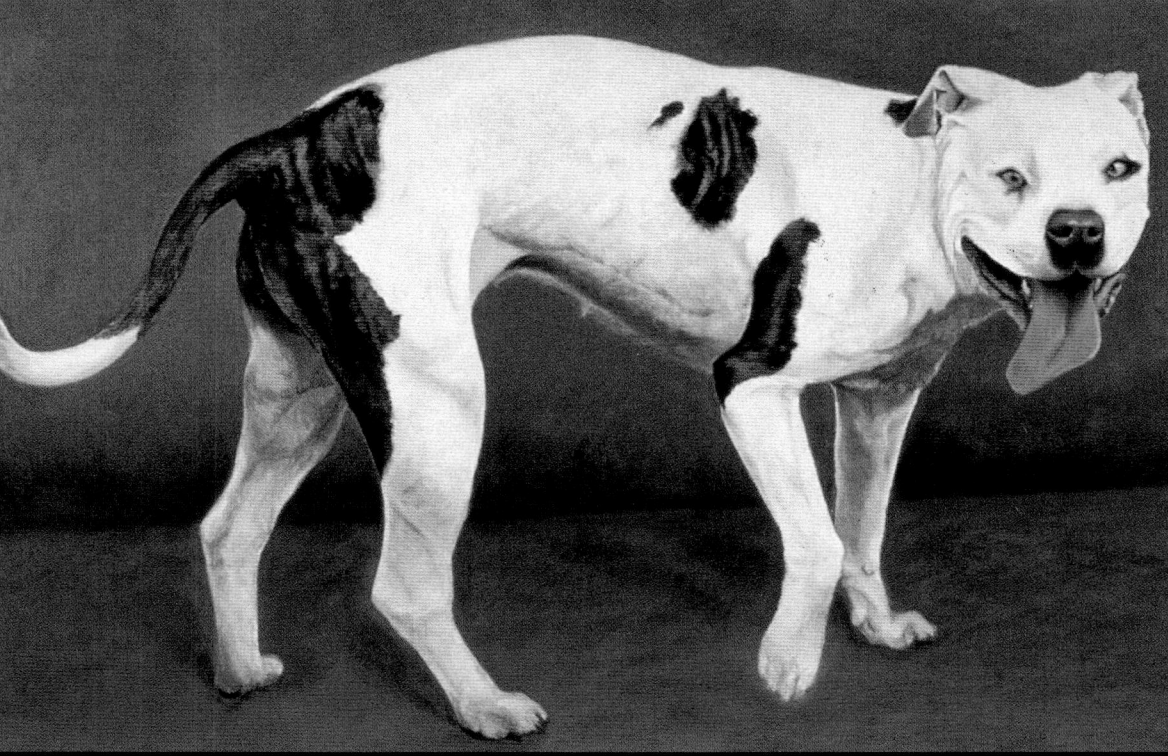

PIERO DI COSIMO
LA MORT DE PROCRIS
vers 1510

Le héros de la mythologie grecque, Céphale, un satyre, était l'amant de la nymphe Procris. Ils vivaient leur amour dans la félicité quand la déesse Diane décida de séduire Céphale. Il refusa ses avances, ce qui mit la déesse dans une terrible rage. Elle conçut donc une cruelle machination qui amena Céphale à tuer Procris par erreur. On le voit ici pleurant la mort de sa bien-aimée. Un chien contemple la scène avec sympathie, suggérant que la moitié animale du satyre souffre autant que sa moitié humaine.

PIERO DI COSIMO, vers 1462–1521

ARCHER

CHIEN PLEURANT SON JEUNE MAÎTRE
1896

L'œuvre de Landseer (*voir à droite*) suscita une foule d'imitations inférieures. Ici, un labrador se recueille, tête baissée, devant un berceau vide. Les pétales épars suggèrent que la victime a été emportée avant d'atteindre la maturité.

A. ARCHER, actif 1860–1896

LANDSEER

LA MORT DU VIEUX BERGER
vers 1837

Dans un de ses célèbres tableaux, Landseer illustre l'affection qui lie l'homme à son chien. Tout le monde est rentré chez soi et le chien reste seul, refusant d'être séparé de son maître défunt. Les bergers menaient une vie très solitaire, comme le suggère le décor spartiate, et ils n'avaient souvent, pour proche compagnon, que leur chien qui les aidait à conduire le troupeau.

EDWIN LANDSEER, 1802–1873

ANGUISSOLA
ENFANT ET CHIEN
XVIᵉ siècle

Dans les bonnes familles, les chiens destinés aux chambres d'enfants devaient faire preuve d'une infinie patience. On a même l'impression que cette créature magnanime affiche une sorte de sourire tandis que son jeune maître essaie de lui grimper sur le dos. On se demande à quelle race elle peut bien appartenir: l'animal a une grosse tête d'épagneul alors que sa queue coupée fait penser à celle d'un caniche.

SOFONISBA ANGUISSOLA,
1527–1625

BIBIVSVINCIT

VAN DYCK
LES ENFANTS DE CHARLES Iᵉʳ
1637

Au centre, l'enfant qui caresse la tête du gros dogue est le futur Charles II (1630–1685). Il aimait tant les chiens qu'il donna son nom à une race canine, le King Charles. Cette passion n'était pas pour plaire à tous ses sujets. Samuel Pepys, de son temps, se plaignit qu'il préférât les chiens à ses devoirs de monarque.

ATELIER D'ANTOINE VAN DYCK,
1599–1641

MUYBRIDGE
CHIEN COURANT
1887

Ces photographies sont tirées de *Animal Locomotion*, une étude fondamentale sur le mouvement des animaux. L'intérêt de Muybridge pour cette question date de l'année 1872, quand le gouverneur de l'État de Californie lui demanda de l'aider à éclaircir un pari : il voulait savoir, avec photographies à l'appui, si les chevaux au galop soulevaient leurs quatre pattes en même temps. Beaucoup de peintres animaliers s'étaient posé la question et les découvertes de Muybridge furent très utilisées par les Impressionnistes et les Futuristes.

EADWEARD MUYBRIDGE, 1830–1904

« Même le plus gros chien a été un chiot. »

JOAQUIN MILLER, 1839–1913

TRÜBNER

CHIEN ET SAUCISSE
(CÉSAR DEVANT LE RUBICON)
1878

 La tentation est forte. Un gros chien a flairé la présence d'un mets irrésistible et, comme le suggère le sous-titre, il s'agit maintenant de prendre une décision. Un simple mouvement de tête lui suffirait pour accomplir son forfait, mais va-t-il risquer de provoquer la colère de ses maîtres?

WILHELM TRÜBNER, 1851–1917

HANSEN

CHIEN AVEC SON OS
1985

À l'état sauvage, quand ils sont rassasiés, les chiens ou les loups enterrent leurs os. Les enfouir leur permet de les soustraire aux convoitises ou, dans les climats chauds, de les préserver des mouches. Mais cet os-là rappelle étrangement un crâne humain, ce qui donne au tableau une autre dimension.

GAYLEN HANSEN, né en 1921

« Il lui répondit : Il ne sied pas de prendre le pain des enfants pour le jeter aux petits chiens. – De grâce, Seigneur ! reprit-elle, aussi bien les petits chiens mangent-ils des miettes qui tombent de la table de leurs maîtres ! »

ÉVANGILE SELON
SAINT MATTHIEU, XV–26,2

« Je n'ai jamais vu de fourbe
avoir un chien fidèle. »

JAMES GARDNER, 1840–1900

STERN
AMOUR
1989

 Le chien de Stern tourne la tête et regarde amoureusement sa maîtresse, l'assurant ainsi qu'il restera avec elle pour le meilleur et pour le pire. Le sentiment d'amour inconditionnel est souligné par les formes en cœur dispersées sur le riche fond bleu.

PIA STERN, née en 1952

CHADWICK
LA VIE SILENCIEUSE
1996

Grand voyageur, Keen aime rendre l'atmosphère des pays étrangers. Voici le portrait d'un jeune homme et de son chien qui se détendent un moment à une terrasse de café, sur un boulevard parisien.

GREGG CHADWICK, né en 1959

81

« Gardien du riche, ami du pauvre. Au fond, la seule créature fidèle. »

GEORGE CRABBE, 1755–1832

HERBERG
OH VINCENT, OH !
1997

Le Vincent en question c'est, bien sûr, Van Gogh (1853–1890). Le fond du tableau pastiche *La Nuit étoilée* (1889), une des toiles les plus célèbres du peintre hollandais. La forme en flamme du cyprès est caractéristique de la manière de Van Gogh.

MAYDE MEIERS HERBERG, née en 1946

82

ALLEMAGNE
LÉVRIER APPARTENANT À
FRÉDÉRIC LE GRAND
XVIIIᵉ siècle

Les lévriers italiens
étaient très prisés par les
têtes couronnées. La reine
Victoria, Charles Ier, la
Grande Catherine, Marie
reine d'Écosse et Anne
du Danemark en ont eu.
Ce beau spécimen apparte-
nait à Frédéric le Grand
(1712–1786). Il pose, avec
une expression royale de
circonstance, sur un coussin de velours, arborant
un collier marqué au nom
de son maître.

ROMERO
TOTO
1984

L'avènement de la photographie anéantit le marché du portrait canin car une photo nous donnera toujours l'image la plus fidèle de notre chien préféré. Certains peintres modernes, par conséquent, se sont inspirés de l'art naïf ou de travaux d'artisans (*voir à droite*) pour restituer la simplicité et la fraîcheur de l'approche.

FRANK ROMERO, né en 1941

« Quand le vieux chien aboie,
Il est temps de faire attention. »

PROVERBE LATIN

ANGLETERRE
TERRIER SUR
UN COUSSIN
XIXᵉ siècle

Si la grande peinture animalière était dominée par des maîtres tels Stubbs ou Landseer, la plupart des portraits de chiens étaient faits par des artistes compagnons qui gagnaient leur vie en peignant des enseignes d'auberges ou de voitures. Leur œuvre n'a pas toujours une grande valeur artistique mais elle nous laisse un intéressant témoignage sur les races préférées des classes aisées.

BROWN
COUCHER DE SOLEIL SUR QUATRE PERSONNAGES ET UN CHIEN
1993

 Brown, qui vit à San Francisco, aime à peindre des scènes sereines sur le rivage pacifique. Ici, le soleil couchant dessine une sorte de halo autour de la tête du chien, et l'un des baigneurs semble marcher sur l'eau.

THEOPHILUS BROWN, né en 1919

CARRION
LE BAIN DE DORLI
1999

Nos chiens aiment partager pratiquement toutes nos activités, mais le bain constitue une exception notoire. Ici, une femme porte maladroitement son teckel (une démonstration de ce qu'il ne faut pas faire) avant de le plonger dans la bassine.

MARAVILLAS CARRION, née en 1968

JAMES

APRÈS L. A. N°11
1989

Après avoir exposé avec succès à Los Angeles, James fit une série de tableaux dépeignant son chien dans ses coins favoris – ici enroulé sur le haut du fauteuil. On peut discerner les oreilles d'un autre chien, aux pieds de la femme.

CHRISTOPHER JAMES, né en 1947

pages suivantes : ▶
STUBBS
POINTER ESPAGNOL
(DÉTAIL)
XVIIIe siècle

ITALIE
CAVE CANEM
Ier siècle

Non seulement les chiens nous offrent leur compagnie mais encore ils nous montrent leur bonne volonté en protégeant nos maisons. Dès l'Antiquité, les hommes ont utilisé des chiens de garde. À Pompéi, les archéologues ont mis au jour une série de mosaïques étonnantes ornant les sols des vestibules. Elles représentent toutes un chien en train d'aboyer et elles portent la mention *Cave canem* (attention au chien).

Le pointer espagnol est plus lourd et moins agile que son frère anglais. Son nom dérive de son extraordinaire façon de chasser. Une fois qu'il a repéré la présence du gibier, il baisse la tête et demeure absolument immobile, tout son corps (tête, dos, queue) dessinant une ligne «pointant» vers la proie. Quand c'est nécessaire, il peut garder cette posture très longtemps.

GEORGE STUBBS,
1724–1806

89

RIVIÈRE
REQUIESCAT
1889

Les chiens figuraient souvent sur les effigies des tombeaux médiévaux, roulés aux pieds de leurs maîtres. Cette œuvre de Rivière démontre à la fois la passion des Victoriens pour le Moyen Âge et leur fascination pour les touchantes histoires de fidélité canine. Un chien de Saint-Hubert, assis près du cadavre de son maître, prie silencieusement (un *Requiescat* est une prière pour l'âme du défunt).

BRITON RIVIÈRE, 1840–1920

« Vous qui, peut-être,

voyez cette simple urne

Passez votre chemin.

Elle n'honore personne

que vous pourriez pleurer

C'est sur la dépouille d'un ami

Que se dressent ces pierres

Je n'en eus jamais qu'un

Et ici, il repose. »

LORD BYRON, 1788–1824
ÉPITAPHE POUR SON CHIEN BOATSWAIN

BURNE-JONES
LA TOMBE DE TRISTAN
ET ISEULT (DÉTAIL)
1862

Les chiens ont une grande place dans la légende arthurienne, peuplée d'amants tourmentés. Tristan donna un chien à Iseult, en gage d'amour, et l'animal le reconnut quand il revint vers elle, déguisé.

EDWARD BURNE-JONES, 1833–1898

ANGLETERRE

Mᵐᵉ FIELDER PROMENANT
SES CHIENS DANS BROCKWELL PARK
vers 1915

Avoir des chiens impose certaines obligations. Il faut les promener régulièrement pour leur donner l'exercice qu'ils trouvent normalement en chassant ou en courant. Cette dame élégante s'est habillée pour l'occasion et ses chiens, impeccablement dressés, marchent de manière disciplinée.

FLAMENG

UNE ÉLÉGANTE À LA MER
vers 1920

Selon les époques, certaines races sont plus en vogue que d'autres. Pendant la période Art déco, éprise de vitesse et des lignes profilées, on préférait les chiens aux silhouettes longues et fines. Toute femme prétendant au chic devait avoir un lévrier russe, persan ou anglais.

FRANÇOIS FLAMENG, 1856–1923

STEVENS
SCÈNE DE CAFÉ
vers 1910

Certains maîtres aiment voir leur chien faire le beau ou accomplir divers petits tours. La clé de la réussite est le système de la récompense. Pour une minuscule friandise, cette créature ridiculement petite consent à se dresser sur ses pattes arrière.

GUSTAV MAX STEVENS, 1871–1946

GRAU
EN FAMILLE
vers 1900

C'est à la fin du XIXe siècle que l'idée moderne d'animal de compagnie s'est répandue. Au lieu d'être destiné à la chambre d'enfants ou utilisé pour la chasse, le chien entre dans la famille et assiste à tous les événements de la maison.

GUSTAVE-ADOLPH GRAU, 1873–1919

JOY
RETOUR DE L'ÉCOLE
1860

Une fillette coquettement vêtue rentre chez elle accompagnée de son cairn. Cette race, créée en Écosse, est cousine du skye et du West Higland White terrier. On l'utilisa pour chasser le renard, les blaireaux et les loutres mais il est désormais considéré comme un délicieux petit animal de compagnie. La jeune écolière a bien compris qu'il déteste rester seul à la maison.

THOMAS MUSGRAVE JOY,
1812–1866

VASNETSOV
JOUR DE DÉPART
1876

À l'autre bout de l'échelle sociale, les plus misérables ont aussi droit à l'attachement de leurs chiens. Le titre est ironique puisque, pour ce couple de vagabonds, chaque jour est un jour de départ. Ils ont fourré toutes leurs richesses dans le sac usé mais le petit chien ne les abandonnera pas pour autant.

VICTOR VASNETSOV, 1848–1926

« En regardant Montmorency, on croirait voir un ange qui – pour quelque mystérieuse raison échappant à l'entendement humain – aurait été envoyé sur Terre sous la forme d'un modeste fox-terrier. L'expression de son regard lui donne toujours un petit air de penser : Dans quel vilain monde suis-je donc tombé et comme je voudrais pouvoir faire quelque chose pour le rendre meilleur, qui ne manque jamais d'émouvoir les vieilles dames pieuses et les vieux messieurs dévots. »

JEROME K. JEROME, 1859–1927

STONE
UNE PROMENADE SUR LA TAMISE
1863

Dans l'Angleterre victorienne, canoter était un des loisirs préférés de la classe moyenne. Dans cette scène idyllique, des jeunes gens font de la barque sur la rivière qui traverse Oxford. Le petit espace, à l'extrémité du bateau, offre au chien une place idéale. Emmener son chien en bateau parut tout naturel après la publication du livre de Jerome K. Jerome, *Trois hommes dans un bateau* (1889), qui raconte les aventures nautiques d'un chien appelé Montmorency.

MARCUS STONE, 1840–1921

« Je me suis parfois demandé pourquoi, au fond, les chiens avaient une vie si brève, et je suis satisfait de conclure que c'est par compassion pour la race humaine, car si nous souffrons tant de perdre un chien après dix ou douze ans de fréquentation, qu'en serait-il s'il vivait le double de temps ? »

WALTER SCOTT, 1771–1832

LANDSEER
VIEIL HOMME ET SON CHIEN AU BORD DE LA ROUTE
XIXᵉ siècle

ÉTATS-UNIS
CHESTER CONKLIN ET SON CHIEN
vers 1935

Conklin était un acteur des comédies burlesques du cinéma muet hollywoodien, et il joua souvent dans les films de Mack Sennett. Dans cette photo publicitaire, son chien l'assiste dans sa lecture du scénario d'un nouveau film de W. C. Fields (1880–1946).

CHESTER CONKLIN, 1888–1971

Landseer a peint des chiens dans tous les milieux sociaux, chez les altesses royales comme chez les plus humbles, montrant comme les animaux se plient aux conditions de vie qui leur sont données. Ici le chien semble avoir la même humeur pensive que son maître.

EDWIN LANDSEER, 1802–1873

103

LE MAÎTRE
DE MOULINS
NATIVITÉ
vers 1480

À la Renaissance, quand un donateur commandait une œuvre pour l'église locale, il demandait au peintre de le remercier de sa piété en incluant son portrait dans la scène religieuse. Ici, par exemple, le cardinal Rolin se tient à côté du berceau, alors que les rois bergers de la Bible en sont plus éloignés. Son chien est également présent, assis sur le bas de sa robe.

LE MAÎTRE DE MOULINS,
actif 1480–1500

LIÉDET
LE JARDIN D'AMOUR
vers 1460

Parfois, symboles et réalité se confondent. Au XVe siècle, les lévriers étaient très appréciés comme chiens de chasse et compagnons des dames nobles, de sorte que la présence de l'élégant chien blanc semble parfaitement naturelle. Pourtant, l'artiste lui a probablement donné une valeur symbolique de manière à suggérer que les jeunes gens se resteront fidèles.

LOYSET LIÉDET, actif 1460–1478

104

ANGLETERRE
AMIS FIDÈLES
XIXᵉ siècle

Les Anglais de l'époque victorienne faisaient preuve d'un grand sentimentalisme à l'égard des enfants et des chiens. Peintres et écrivains s'exerçaient à réunir les deux. Parfois, le rôle du chien est subtilement transformé. Au lieu d'apparaître comme le meilleur ami de l'homme, il assume le rôle d'un parent. Ici, l'énorme chien regarde le jeune enfant avec l'expression bienveillante et protectrice d'un père.

ROMNEY
PORTRAIT DES
ENFANTS VERNON
XVIIIᵉ siècle

Les enfants étaient souvent portraiturés avec leurs chiens et faire preuve d'originalité en ce domaine n'était pas toujours facile pour les artistes. Ici, le peintre a donné aux enfants l'expression sérieuse d'adultes. Le garçonnet joue au soldat et sa sœur adopte une position typiquement maternelle, tandis que le chien saute sur elle pour attirer son attention.

GEORGE ROMNEY, 1734–1802

107

« Demander à un écrivain au travail ce qu'il pense des critiques revient à demander à un réverbère ce qu'il pense des chiens. »

CHRISTOPHER HAMPTON, NÉ EN 1946

CHAPMAN
UNE VIE PLEINE
1991

Ce tableau coloré de Chapman présente la vision du monde canin. Il n'y a ni passants ni maisons, mais des voitures à pourchasser, de l'asphalte à explorer, des bouches d'incendie à flairer et, le plus délicieux de tout, un grand lampadaire.

MICHAEL CHAPMAN, né en 1957

109

ATTRAPE!
1985

Purdy exprime ici son goût pour l'humour noir. L'homme met à l'épreuve la loyauté de son chien en lui lançant un objet, du bord d'un toit, envoyant ainsi la pauvre créature dans le vide.

GERALD PURDY, né en 1930

WARNER
RETRIEVER
1993

Originaire des grands espaces du Montana, Warner en a fait les décors de beaucoup de ses tableaux animaliers. Ici, son chien fidèle pose patiemment, espérant convaincre son maître que jouer avec son bâton serait beaucoup plus amusant que peindre.

CHRISTOPHER WARNER, né en 1953

HAGER
FILLE AU CHIEN
1998

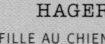 La tentation de peindre un chien qui ressemble à son propriétaire est toujours forte pour un artiste. Ici, le grand nez osseux de la jeune fille rappelle le museau allongé du teckel et son buste mince et élancé, le corps étiré de l'animal. Cependant les pattes du chien ne peuvent rivaliser avec les longues mains de sa maîtresse.

THOMAS HAGER, né en 1965

ONG
FEMME AU CHIEN
1997

Ce dessin coloré de Ong nous montre un chien sous un éclairage différent. Si celui de Hager semble plutôt sur la défensive, ce teckel est tranquillement assis sur les genoux de sa nouvelle propriétaire, dans une posture très protectrice. La composition rappelle les images traditionnelles de la Vierge à l'enfant.

DIANA ONG, née en 1940

113

chiens sauvages

LEONARD KOSCIANSKI
PRIS DANS LA FORÊT

La ligne de démarcation entre les chiens domestiques et leurs cousins sauvages est très fine. En effet, les quatre branches principales de la famille des canidés (loups, renards, chacals et chiens) ont beaucoup de caractères communs : la formation de leurs dents et de leurs griffes, leur alimentation carnivore, leur vie en bandes et la période de gestation des femelles. Les loups et les chiens, en particulier, se ressemblent étonnamment. On peut les croiser facilement, alors que les croisements entre chiens et chacals ou chiens et renards, bien que techniquement possibles, sont moins courants.

KOSCIANSKI
JUGULAIRE

BALOG
COYOTE

Outre ces quatre catégories principales, les canidés comprennent quelques espèces intermédiaires, appelées chiens parias ou métis. Parmi elles, le dingo australien, le coyote, le loup de la prairie, le dhôle d'Asie et le chien chasseur du Cap. Nombre de ces chiens sauvages vivent près des habitations de l'homme, se nourrissant de leurs ordures, et l'on sait qu'ils participaient à leurs activités cynégétiques. Pour certains spécialistes, le chien chasseur du Cap est similaire au chien-hyène, familier des anciens Égyptiens et Assyriens. Malgré ces liens étroits, les chiens parias n'ont jamais été complètement domestiqués. Ainsi, les dingos vivent et chassent avec les tribus d'aborigènes mais ils retournent à l'état sauvage dès que commence la saison des accouplements.

Quand ils y sont poussés par leurs maîtres, les chiens domestiques peuvent faire preuve de la même férocité que leurs ancêtres. Au cours de l'histoire, ils ont été utilisés dans d'âpres combats militaires. Hérodote (vers 490–425 av. J.C.) mentionne leur présence dans une bataille entre

LANFIELD
LE CHIEN
DES BASKERVILLE

les Péoniens et les Périnthiens, où «l'homme s'affrontait à l'homme, le cheval au cheval, le chien au chien». Pline l'Ancien (vers 23–79) décrit comment les Garamantes, une tribu nomade du Sahara, se servaient des chiens pour protéger leurs camps et remplir la fonction de gardes du corps auprès de leur roi. Les Gaulois revêtaient leurs chiens de guerre d'armures hérissées de piques et les lançaient contre les pattes vulnérables des cavaleries ennemies. Ces féroces créatures devaient être, pour la plupart, des dogues.

Le plus célèbre des chiens guerriers fut sans doute Boye, le caniche blanc du prince Rupert (1619–1682), qui le suivit dans ses campagnes durant la guerre civile anglaise. Boye devint un symbole tangible de la résistance royaliste, au point que les Têtes Rondes, autour de Cromwell, l'assimilèrent à un démon et fêtèrent sa mort à la bataille de Marton Moor le 2 juillet 1644.

En temps de paix, un autre type de chien semait la terreur : le chien enragé. Les symptômes de la rage, aussi surprenants que terrifiants, suscitèrent une foule de mythes explicatifs. Les Grecs de l'Antiquité pensaient que leurs chiens fous étaient possédés par des âmes tourmentées et les premiers Chrétiens y voyaient l'empreinte du démon. D'autres imputaient le problème aux conditions météorologiques.

Les Romains appelaient les jours les plus chauds de l'année *dies caniculare* (du 3 juillet au 11 août), croyant que la chaleur du soleil était accrue par Sirius, l'étoile du chien. Beaucoup ont cru longtemps que cette chaleur enrageait les chiens. Ainsi, dans l'Angleterre victorienne, une loi interdisait aux propriétaires de chiens de laisser leurs animaux en liberté pendant la période chaude de l'année.

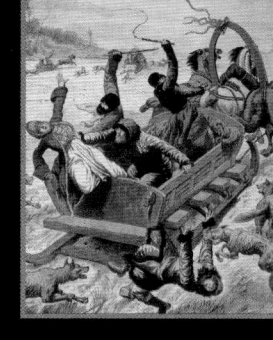

HUSH
CHIEN MONTRANT LES
DENTS DERRIÈRE UN GRILLAGE
XXᵉ siècle

Les chiens produisent des sons qui indiquent chacun un degré d'agressivité. Quand ils aboient, c'est pour appeler à l'aide et il est peu probable qu'ils attaquent. Quand ils grognent, ils ne sont pas non plus très sûrs d'eux, mais mieux vaut être prudent Quand ils montrent les dents, ils sont dangereux et doivent être évités. Les vraies attaques se font généralement en silence.

GARY HUSH, XXᵉ siècle

HANSEN
RENCONTRE
1979

Cette scène au clair de lune est pleine d'humour et d'ambiguïté. Un énorme chien, que son maître peut à peine maîtriser, bondit sur un inconnu. Est-ce un accueil débordant de joie auquel répond avec enthousiasme l'autre partie, ou l'homme tend-il son bras pour se protéger de cette attaque féroce?

GAYLEN HANSEN, né en 1921

ALMARAZ
GOURMANDISE
1985

Dans son style hispanique coloré, Almaraz a illustré le péché de la gourmandise en mettant en scène deux chiens. Montrant les dents, dressant la queue, les animaux s'affrontent pour un os, alors qu'autour, le sol en est jonché.

CARLOS ALMARAZ, 1941–1989

ITALIE

CHIEN ABOYANT

Iᵉʳ–IIIᵉ siècle

 Les Romains avaient des chiens de garde qu'ils encourageaient à aboyer. En tant que tel, l'aboiement est un signal d'alarme, destiné à faire venir les autres membres de la bande (canine ou humaine). Il est intéressant de noter que l'aboiement des chiens domestiques est beaucoup plus fort et impressionnant que celui des loups ou des chiens sauvages, ce qui laisse penser qu'il a été développé par les sélections raciales au cours des siècles.

« Quand le renard prêche,
surveillez vos oies. »

PROVERBE ALLEMAND

HANCOCK
RENARD FILANT AVEC UN LAPIN
1841

On croyait autrefois que les renards ne se nourrissaient que de lapins et d'oiseaux ; en fait, leur alimentation est très variée. L'analyse de leurs excréments montre qu'outre les petits mammifères (souris, campagnols, hérissons), ils mangent des insectes, des vers de terre et qu'ils sont aussi très friands de fruits (surtout les pommes et les prunes). En milieu urbain, le renard se nourrit dans les poubelles, les décharges et les mangeoires à oiseaux.

CHARLES HANCOCK, 1802–1877

DE VOS
PERDREAUX,
RENARD ET CHIENS
XVIIᵉ siècle

 Spécialiste de natures mortes et de scènes de chasse, De Vos démontre ici la richesse de son talent. Son renard apparaît comme un cruel tueur de volailles sauvages et domestiques.

PAUL DE VOS, vers 1596–1678

LEWIS
ÉTUDE DE RENARD
XIXᵉ siècle

Cette belle œuvre de Lewis nous montre avec précision le pelage du renard. Une partie des oreilles est noire alors que le poitrail est blanc. Les babines retroussées sur les dents suggèrent la puissance de sa mâchoire.

JOHN FREDERICK LEWIS, 1805–1876

127

KLIMT
FABLE
1883

Cette toile énigmatique date du début de la carrière de Klimt. Elle s'inspire d'une série d'illustrations commandées par l'éditeur Martin Gerlach pour un livre sur les allégories et les emblèmes. Les divers animaux évoquent d'emblée le monde des fables d'Ésope (VIᵉ siècle av. J.C.) et de Jean de La Fontaine (1621–1695).

GUSTAV KLIMT, 1862–1918

COOPER
UN RENARD
1817

Les renards dorment habituellement roulés sur eux-mêmes, comme on le voit ici, à ce détail près qu'ils ramènent leur queue sur leur truffe pour se tenir chaud. S'il leur arrive de dormir par terre, ils préfèrent habituellement creuser un trou qu'on appelle une renardière. On sait qu'ils peuvent aussi occuper les terriers de blaireaux.

ABRAHAM COOPER, 1787–1868

CONDÉ
DJANGO
1982

Beaucoup de tableaux de Condé montrent un homme errant dans les contrées d'Espagne. Ici, dans un paysage vallonné, son vagabond tombe sur des chiens sauvages. Pour les peindre, il s'est inspiré de son propre chien qui répond au nom de Django.

MIGUEL CONDÉ, né en 1939

MARC
RENARD ROUGE
1911

Pour Marc, il y a plus d'innocence et de spiritualité chez les animaux que chez l'homme, «celui qui s'est écarté le plus dangereusement de ses instincts.» Marc visait à une «animalisation de l'art» et cherchait à rendre le sentiment que l'animal a de sa propre existence. Dans ce charmant tableau, le renard (traditionnellement l'incarnation de la ruse et de la cruauté) semble la plus douce et la plus inoffensive des créatures.

FRANZ MARC, 1880–1916

pages suivantes : ▶
HERRING
RENARD COURANT (DÉTAIL)
1830

Un renard poursuivi sait qu'il se fait repérer par l'odeur de ses pattes et il fait tout pour la masquer. Il préférera traverser un champ labouré qu'une prairie parce que les particules de terre accrochées à ses pattes diminueront l'intensité de l'odeur. Courir le long d'un mur, d'une piste accidentée ou d'un ruisseau est encore plus efficace. S'il rencontre un troupeau de moutons, il le traversera pour égarer les chiens.

JOHN FREDERICK HERRING, 1795–1865

131

WARDEN
LOUP GRIS
XXe siècle

🐺 Ce qu'il y a peut-être de plus impressionnant chez le loup, c'est son regard froid et pénétrant qui a donné lieu, bien sûr, aux nombreuses légendes de loups-garous. On raconte que seuls leurs yeux ne changent pas durant leur transformation, si bien que les hommes au regard de loup inspiraient la crainte et la méfiance. Des sourcils rapprochés et fournis étaient un autre signe inquiétant.

JOHN WARDEN, XXe siècle

KOSCIANSKI
JUGULAIRE
1984

🐺 Peu de peintres ont su rendre la sauvagerie animale de manière aussi explicite que Koscianski. Sous une lugubre lumière lunaire qui transforme les créatures en fantômes argentés, l'une des bêtes achève l'autre en lui sectionnant la veine jugulaire. La maison en arrière-plan rappelle que seule une mince couche de vernis civilisé sépare l'humanité de la sauvagerie.

LEONARD KOSCIANSKI, né en 1952

LANFIELD
LE CHIEN DES BASKERVILLE
1939

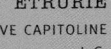 Peut-être le plus célèbre chien sauvage de tous. Conan Doyle (1859–1930) a reconnu qu'il s'était inspiré pour son chien des Baskerville (« une énorme créature lumineuse, effrayante et spectrale ») d'une vieille légende de l'Ouest du pays – sans doute une variante de l'histoire du chien noir, ce sinistre présage de mort qui hante le folklore anglais.

SIDNEY LANFIELD, 1900–1972

ÉTRURIE
LA LOUVE CAPITOLINE
vers 500 av. J. C.

Voici la plus célèbre version de la louve romaine qui allaita Rémus et Romulus. La tête de la statue inspira l'affiche pour les Jeux Olympiques de Rome (*voir p. 317*). On peut admirer cette statue étrusque au Musée capitolin où elle est exposée.

LANDSEER
COMBAT DE CHIENS
vers 1818

 On a tendance à ne retenir de Landseer que ses tableaux romantiques, mais il a aussi peint la nature sous ses formes les plus cruelles. Ici, un chien s'est dégagé de son collier pour attaquer un intrus. Après un sauvage corps à corps, les animaux reprennent leur souffle. Landseer n'avait que seize ans quand ce tableau fut exposé.

EDWIN LANDSEER, 1802–1873

GRÈCE
MORT D'ACTÉON
vers 460 av. J.C.

Actéon était chasseur et il surprit accidentellement Artémis et ses nymphes en train de se baigner. Furieuse de cette intrusion, Artémis métamorphosa le malheureux mortel en un cerf qui fut chassé et tué par ses propres chiens. On le voit ici, sous sa forme humaine, tentant de repousser un des chiens.

BALFOUR
BANDE DE CHIENS
SAUVAGES AU CRÉPUSCULE
XXᵉ siècle

Un spectacle sinistre pour bien des animaux! Quand ils chassent, les bandes de chiens sauvages ou de loups ne cherchent pas à cacher leur approche. Ils comptent surtout sur leur vigueur et le travail d'équipe. Une fois leur victime encerclée, ils se distribuent les rôles. Quand un pourchassant se fatigue, l'autre prend le relais, ce qui donne le temps au premier de se reposer. Le processus se répète jusqu'à ce que la proie soit épuisée. Alors, la bande peut la mettre à mort.

DARYL BALFOUR, XXᵉ siècle

 Les loups peuplent de nombreuses régions de l'hémisphère nord mais c'est sans doute dans les régions arctiques qu'ils sont les plus dangereux car la nourriture y est rare. Les romans de Jack London (1876–1916) suscitèrent une vague de films d'aventures polaires où des meutes de loups affamés se jettent sur des voyageurs inconscients du danger. Cette image est tirée d'un film allemand.

Cette vision très mélodramatique de la vie en Russie fut publiée dans *Le Petit Journal*. Il est vrai que les loups chassent en bandes mais ils cherchent généralement à isoler leur victime avant de l'attaquer. Une fois leur cible déterminée, ils se relaient pour la pourchasser, jusqu'à ce qu'elle succombe à la fatigue.

« Méfiez-vous des faux prophètes, qui viennent à vous déguisés en brebis, mais au-dedans sont des loups rapaces. »

L'ÉVANGILE SELON SAINT MATTHIEU, 7,15

CRANE

LE PETIT CHAPERON ROUGE
XIXe–XXe siècle

La première version de ce célèbre conte a été écrite par Charles Perrault (1628–1703) mais il s'appuyait déjà sur des légendes plus anciennes. Le conte de Perrault se termine brutalement, la petite fille étant mangée par le loup. Dans le folklore français, le loup apparaît souvent comme un type de loup-garou. L'illustration de Crane reprend aussi la tradition du loup déguisé en brebis.

WALTER CRANE 1845–1915

SPECHT

LOUP
1890

Le loup est le membre le plus sauvage de la famille des chiens. Une analyse récente a démontré que l'animal casse en moyenne 29% de ses dents à force de broyer des os. Il est particulièrement dangereux à la saison des accouplements quand ont lieu les combats pour la possession des femelles.

FRIEDRICH SPECHT, 1839–1909

DORÉ
LE PETIT CHAPERON ROUGE ET
LE LOUP
1862

Le sens symbolique de ce célèbre conte a soulevé de nombreuses interprétations. Pour certains psychanalystes, le loup représente le séducteur mâle et le vrai danger qu'affronte la petite fille est sa sexualité naissante. Pour d'autres, le conte doit être interprété en termes œdipiens : la fillette aimerait être séduite par son père (le loup) mais doit attendre que sa mère (ou grand-mère) s'absente.

GUSTAVE DORÉ, 1832–1883

HANSEN
GRILLE, ROSES ET CHIENS
1993

Hansen aime opposer, dans ses tableaux, les points de vue humains et canins. Les odeurs sont fondamentales pour les chiens. Ici, Hansen a marqué la région anale de son sujet et a inclus une grille – cible favorite des chiens quand ils lèvent la patte. Toutes ces odeurs qui nous déplaisent sont pour eux aussi agréables que le parfum des roses.

GAYLEN HANSEN, né en 1921

147

« Ma femme me demande de la rappeler
à votre bon souvenir à tous deux.
Je n'en dirais pas autant de mon chien,
qui ne vous a jamais vus mais qui,
par principe, vous mordrait volontiers. »

LETTRE DE ROBERT LOUIS STEVENSON, 1850–1894

GYSELS
AUTOUR DE L'ARBRE DE MAI
XVIIe siècle

Cette élégante composition de Gysels allie
deux thèmes stéréotypés. Il s'agit d'une scène de
calendrier, illustrant les diverses activités qui ont lieu
au mois de mai, et, en même temps, d'une sorte de
Jardin d'Amour où de jeunes couples s'ébattent dans
un paysage idyllique. Les chiens qui se chamaillent
apportent une touche de réalisme, suggérant que
l'amour ne va pas toujours sans anicroches.

PIETER GYSELS, vers 1621–1690

149

PROVERBE RUSSE

GAUERMANN
LOUP ET SANGLIER SAUVAGE
1835

🐺 Les loups sont des chasseurs tous terrains qui peuvent opérer aussi bien dans les grandes plaines que dans les régions boisées. Ils chassent généralement en bandes, mais un individu ayant perdu sa femelle aura tendance à quitter le groupe et deviendra un vrai loup solitaire. Dans cette scène, le sanglier a senti la présence d'un de ces solitaires, et toutes ses soies sont hérissées, ce qui le fait paraître impressionnant.

FRIEDRICH GAUERMANN,
1807–1862

VASNETSOV
IVAN ET LE LOUP GRIS
1889

🐺 Dans cette célèbre légende russe, le prince Ivan part à la recherche du merle mystique qui a volé les pommes magiques du roi. En chemin, il se lie d'amitié avec un loup gris qui le seconde dans sa quête. Ici, l'animal aide Ivan et Yelena, sa future épouse, à traverser une forêt dangereuse en les portant sur son dos.

VICTOR VASNETSOV, 1848–1926

ÉGYPTE
CHIENS CHASSANT UNE HYÈNE
Époque du Nouvel Empire
1555–1080 av. J.C.

 Les chiens peints sur cette terre glaise sont des lévriers. Normalement, les Égyptiens utilisaient le chien hyène (ou chien pharaon) pour poursuivre les hyènes, mais ils l'ont échangé plus tard pour un animal ressemblant à notre moderne fox-terrier.

BUSBY
CHIEN ENRAGÉ
1826

 Les chiens atteints de la rage (on disait aussi hydrophobie) semaient la panique dans les rues. Contaminé par cette terrible maladie, l'animal le plus doux et le plus docile devient une bête furieuse avant d'être paralysé et de mourir.

Le terme d'hydrophobie s'était répandu parce qu'on croyait, à tort, que les chiens enragés craignaient l'eau. En fait, ce symptôme touche les victimes humaines qui souffrent de douloureux spasmes de la gorge quand ils essayent de boire.

THOMAS BUSBY, actif 1804–1837

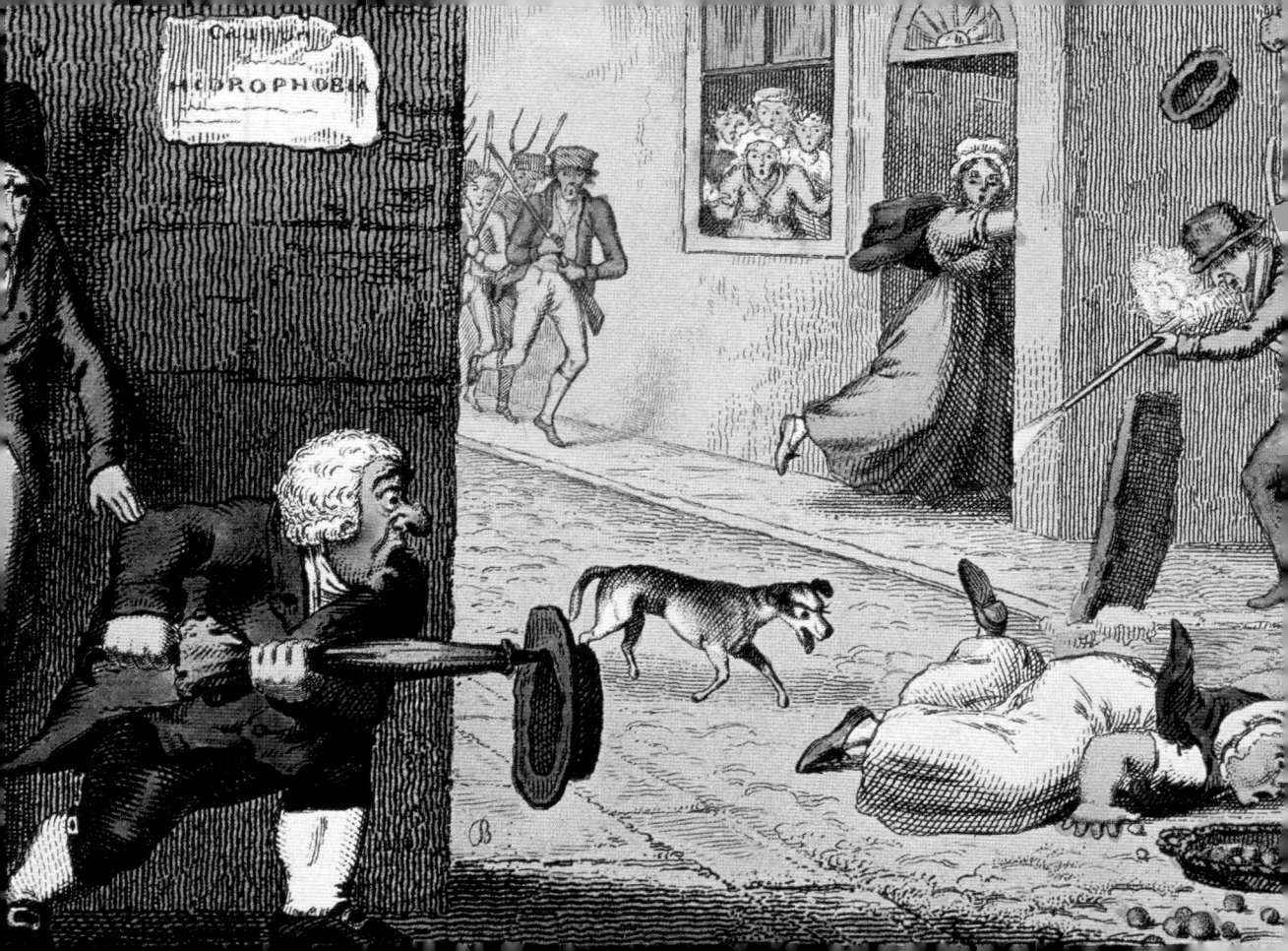

« Les chiens aboient
à la lune sans raison. »

THOMAS CRANMER,
1489–1556

pages suivantes : ▶
BALOG
COYOTE
XXᵉ siècle

Il y a environ une douzaine de variétés de coyotes ou de loups des prairies, originaires de l'Amérique du Nord et du Mexique. Ils chassent en groupe et bien que ce soit aujourd'hui une espèce protégée, ils risquent d'être abattus quand il leur arrive d'attaquer du bétail.

JAMES BALOG, XXᵉ siècle

BILIBIN
LE PRINCE IVAN
ET LE LOUP GRIS
1899

Le loup, dans la légende russe du merle, est l'exact contraire de celui qui terrifie le petit chaperon rouge. Le jeune prince Ivan gît, sans vie, et quelques corbeaux tournoient déjà autour de lui, mais le loup gris va le ressusciter et l'aider à se venger de ses méchants frères.

IVAN JAKOVLEVITSCH BILIBIN,
1876–1942

GRIMM
LE PETIT CHAPERON ROUGE
vers 1905

Dans cette version des frères Grimm, publiée en 1812, le petit chaperon rouge a troqué son célèbre chaperon pour un bonnet (peut-être le bonnet rouge des sans-culottes de 1789), ce qui trahit les sentiments francophobes de l'Allemagne de l'époque.

JACOB (1785–1863) et
WILHELM (1786–1859) GRIMM

une vie de chien

Les chiens font aujourd'hui tellement partie de notre vie que nous avons tendance à les considérer comme des animaux totalement domestiqués. Pourtant, beaucoup de leurs comportements remontent à leur origine quand ils erraient en liberté dans la nature.

Les chiens sont des animaux sociaux. Ils sont faits pour vivre en bandes et nombre de leurs actes n'ont de sens que par rapport au groupe. Par exemple, hurler est un signal émis par les animaux qui ont été séparés de la bande. Quand les loups hurlent, au petit matin ou le soir, c'est pour appeler les autres à la chasse.

Le rapport avec les chiens domestiques ne semble peut-être pas évident mais il existe : un chien se mettra à hurler si on l'a laissé seul, demandant ainsi aux membres de sa bande (humaine) de venir le retrouver. On sait que certains chiens « accompagnent » les gens qui

jouent de la musique ou chantent. Il s'agit simplement d'une erreur d'interprétation : ils prennent le chant pour un appel tribal et répondent sur le même mode.

d'après BONER
LE CHIEN ET LE LOUP

Les chiens ne communiquent pas simplement avec le son mais avec l'odeur. Tous ont des glandes à sécrétions odorantes situées sous la queue. Ces émissions d'odeurs donnent des informations précises et détaillées sur leur porteur, lesquelles présentent un intérêt immense pour tous ses congénères. Voilà pourquoi, quand deux chiens se rencontrent, leur première réaction est de se renifler mutuellement la croupe. Les chiens dominants, qui se sentent en confiance, lèvent la queue, affirmant ainsi d'emblée leur supériorité. Les sujets plus faibles mettent leur queue entre leurs pattes pour couvrir leurs glandes anales et masquer leur insécurité. Les chiens transmettent aussi

TENRÉ
PRÉSENTATIONS

des messages par l'urine. Les mâles délimitent leur territoire en levant la patte le plus haut possible.

Comme leurs maîtres, les chiens gardent toute leur vie
une tendance ludique. Entre eux, leurs jeux consistent
normalement à simuler leurs activités habituelles : se
battre et chasser. Bien qu'un observateur humain puisse
s'inquiéter de ces affrontements à ses yeux bien réels, les chiots
apprennent très tôt à mordre sans se faire mal. Pour rendre la
situation encore plus claire, le jeu est souvent précédé
d'une invite où le chien fait une sorte de révérence,
aplatissant tout son avant-train sur le sol, l'arrière
restant dressé.

Dans la vie domestique ou sauvage, les membres de
la famille canine se plient à une rigide organisation sociale. Les
chefs de bande ont un rôle essentiel. En leur absence, par

TROOD
UN ÉTONNANT RÉSULTAT

EMMS
DEUX CHIENS
ET UN OS

exemple, les équipes de chiens de traîneau, à demi sauvages, ne pourraient pas fonctionner car les chiens se battraient entre eux. De la même manière, toute chasse tournerait au pugilat, les chiens de la meute se battant pour leur proie.

En compagnie des hommes, un chien reconnaît rapidement en son maître son chef de bande. Les problèmes liés à une mauvaise éducation ne surgissent que lorsque le dressage a été mal fait et qu'on a laissé à l'animal l'impression qu'il était le maître. Il y a pourtant un point de non retour : dans la famille des chiens, la possession de la nourriture efface momentanément toutes les autres relations. Ainsi, maîtres, attention ! Le chien le plus docile pourra réagir sauvagement si on essaie (fût-ce pour jouer) de lui enlever de la gueule un morceau savoureux ou un cher vieil os.

ALDIN
MÉCHANT CHIOT

HARDY
PETIT BOULOT

163

HANSEN
CHIEN
1989

🐺 Les chiens d'Hansen sont rarement de charmantes créatures. Avec sa croupe pelée et ses yeux en balles de golf, celui-ci a l'air dévoré par les puces et la gale, ce qui ne semble pas avoir atténué ses envies de jouer: il a l'air de bien s'amuser avec la fleur.

GAYLEN HANSEN, né en 1921

PIERRE
HOUND DOG II
XXᵉ siècle

🐺 En anglais argotique, un « hound dog » désigne un pauvre idiot efflanqué – expression tirée d'une vieille chanson d'Elvis Presley. Mais donnez-lui un os et le plus minable des bâtards sera heureux.

CHRISTIAN PIERRE, né en 1962

ANGLETERRE
CONFRONTATION
XIXᵉ siècle

Contrairement à ce que l'on dit, les chiens aiment beaucoup le poisson. Cette amusante tapisserie dépeint un conflit d'intérêt à trois personnages, le cocker, le chat et le perroquet qui tous regardent d'un œil avide un poisson qu'on a malencontreusement laissé sur la table.

LESTER
L'AUDITION
vers 1885

Les chiens réagissent à une grande diversité de sons. Ils peuvent se mettre à hurler ou à geindre s'ils entendent un son leur faisant penser qu'un autre membre de la bande leur adresse un signal. On ignore ce qui a troublé ce chiot mais le cercle de chatons l'observe, de leurs yeux grand ouverts, sans paraître apprécier vraiment sa prestation.

ADRIENNE LESTER, XIXᵉ siècle

167

ALMASY
PATIENCE
1946

Face à un chat, la plupart des chiens sont plus curieux qu'hostiles. Ils ne se mettent à les pourchasser que si le chat prend la fuite, excitant ainsi leur instinct de chasseur. Ici deux chiens alertes réservent leur jugement, attendant que le chaton fasse le premier mouvement.

PAUL ALMASY, né en 1906

FOUJITA
CHATS ET CHIENS
1924

On connaît surtout les chats de Foujita, l'artiste japonais installé en France, mais ces élégants pékinois prouvent l'importance de cette race en Orient. En Chine, ils étaient révérés à cause de leur ressemblance avec les lions sacrés de Bouddha. Leur vente était interdite et des spécimens n'atteignirent l'Occident qu'en 1860, quand les armées anglaises pillèrent le palais impérial d'Été.

TSUGOUHARU (OU LÉONARD) FOUJITA, 1886–1968

LYNDE
FIERTÉ MATERNELLE
XIXe siècle

Les chiennes ne s'éloignent jamais longtemps de leur portée, prêtes à décourager tout étranger par leurs grognements agressifs. Au XIXe siècle, on laissait généralement les chiots dehors, dans une niche, mais on pense aujourd'hui qu'il vaut mieux les installer à l'intérieur où ils s'habitueront plus vite à la vie domestique.

RAYMOND LYNDE, XIXe siècle

ÉCOLE ANGLAISE
AMIS D'ENFANCE
XIXe siècle

Chiens et chats ne sont pas naturellement des compagnons de litière. Primitivement, les chiens sont des animaux sociaux tandis que les chats sont des solitaires. Pourtant, certains pourront être traités comme des chiens honoraires si on les a présentés tout jeunes et encouragés à jouer avec les chiots.

« Cette affaire, c'est chien
contre chien, mais moi,
personne ne me mordra. »

SAMUEL GOLDWYN,
1882–1974

TROOD
COURSE
1894

La plupart des tableaux animaliers de Trood
étaient des œuvres de commande mais il a aussi
peint des scènes de groupe très animées, comme
celle-ci, où une grande diversités de races sont représentées. Ici, le thème est fantaisiste mais la peinture
des différents chiens est d'une rare précision. Il y a
aussi des notes humoristiques, comme le gros caniche sur le podium de fortune, attendant de passer
au vainqueur de la course le collier du gagnant.

WILLIAM HENRY HAMILTON TROOD, 1860–1899

ARMFIELD
L'OS DE LA DISCORDE
1859

Entre eux, les chiens respectent une hiérarchie sociale très rigide. En général, l'animal dominant va manifester sa supériorité par tout un ensemble de signaux codés. Ce système fonctionne moins bien dès qu'il y a de la nourriture en jeu. En ce cas, possession fait loi et un chien habituellement doux et soumis peut défier un chef de meute si son os est menacé.

GEORGE ARMFIELD, vers 1820–1893

ALDIN
MÉCHANT CHIOT
XXe siècle

« Laissons les chiens mordre et aboyer à plaisir, car ainsi Dieu les a faits ; laissons les ours et les lions grogner et se battre, car c'est aussi leur nature. »

ISAAC WATTS, 1674–1748

Les propriétaires de chiens ne sont que trop habitués à des scènes semblables. Ce genre de carnage est souvent causé par l'angoisse de la séparation. Un chien qui reste seul à la maison peut devenir agité et passer sa frustration sur les objets qui traînent. Mais quand le fauteur de troubles s'abandonne de manière aussi irrésistible, il a des chances d'atténuer la colère de son maître.

CECIL ALDIN, 1870–1935

175

d'après BONER
LE CHIEN ET LE LOUP
XIVᵉ siècle

Cette miniature est tirée d'un manuscrit du XVᵉ siècle, une version de *Der Edelstein* (*La pierre précieuse*), une anthologie de contes populaires allemands. Les contes avaient été traduits du latin, au siècle précédent, par un moine dominicain appelé Boner. Dans les légendes, les loups étaient traditionnellement des prédateurs redoutables tandis que les chiens jouaient des rôles plus variés, symbolisant tour à tour la ténacité, la loyauté ou la folie.

d'après ULRICH BONER,
1300–1349

HANSEN
DEUX CHIENS
1991

Les glandes à sécrétions odorantes, placées sous la queue des chiens, apportent des informations vitales sur leur force et leurs prétentions. Ces signaux olfactifs sont bien plus révélateurs que les détails visuels, de sorte que les chiens estiment à la fois courtois et nécessaire de se présenter en se reniflant mutuellement le derrière.

GAYLEN HANSEN, né en 1921

177

EMMS
DEUX CHIENS ET UN OS
1896

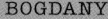 Le chien de droite fait la « révérence » – l'invite à jouer traditionnelle. Son petit compagnon n'a pas encore pris de décision. Ses oreilles et sa queue dressée suggèrent néanmoins une certaine réticence à se laisser déposséder de son os.

JOHN EMMS, 1843–1912

BOGDANY
DEUX CHIENS DANS UN PAYSAGE
XVIIᵉ siècle

Bien que les chiens et les oiseaux soient très vivants, cette peinture s'inscrit dans la tradition de la nature morte hollandaise. Représentant les richesses de la nature, elle permet à l'artiste d'exprimer tout son talent.

JAKOB BOGDANY, 1660–1724

pages suivantes : ▶

TROOD
LE DÉBOUCHAGE D'UNE
BOUTEILLE ET SES
CONSÉQUENCES
1887

Les tableaux de chiens de Trodd sont empreints d'un réalisme sentimental typiquement victorien. Cette scène fantaisiste annonce cependant des tendances très modernes. Le spectacle des deux petits chiens soufflés par l'explosion du bouchon annonce les scènes comiques des dessins animés du XXᵉ siècle.

WILLIAM HENRY HAMILTON TROOD, 1860–1899

179

d'après
LANDSEER
DIGNITÉ ET IMPUDENCE
vers 1839

Voici la copie d'un des tableaux les plus célèbres de Landseer. Les motifs en étaient un chien de Saint-Hubert nommé Grafton et un scotch-terrier appelé Scratch. Tous les deux appartenaient à Jacob Bell, un chimiste. Grafton avait la réputation de se battre avec les autres chiens, pourtant il a autorisé son effronté petit compagnon à partager sa niche.

D'APRÈS EDWIN LANDSEER,
1802–1873

MARSHALL
TROIS CHIENS
XIXᵉ siècle

On leur donnerait le bon Dieu sans confession mais la lettre déchirée indique que ces trois-là ont fait des bêtises. Certains chiens s'en prennent au courrier déposé dans la boîte aux lettres, y voyant une atteinte à leur territoire. Ils aboient pour chasser le facteur et réagissent avec encore plus de fougue le lendemain matin, quand l'impudent personnage à l'audace de venir réitérer son forfait.

WILLIAM ELSTOB MARSHALL,
actif 1859–1881

SCOTT
BLACK AND WHITE
XXᵉ siècle

 Jusqu'au XIXᵉ siècle, les diverses races de petits terriers ont été confondues. On regroupait les Skyes, les Dandie Dinmonts, les West Hughlands Whites, les Cairns sous le nom générique de Scotch-Terriers (terrier écossais). Progressivement, des clubs distincts se créèrent pour chaque race et le Scotch fut rebaptisé Scottish en 1887. Le charmant contraste entre un Scottisch noir et un West Highland blanc s'est révélé irrésistible pour bien des peintres animaliers.

SEPTIMUS SCOTT, 1879– vers 1932

HUTTON
NETTOYAGE DE PRINTEMPS
1949

Non, ce n'est pas une photographie truquée. Ce petit terrier a appris à faire des sauts spectaculaires quand il travaillait dans un cirque. Les vieilles habitudes sont tenaces et le bruit de l'aspirateur l'a incité à faire une petite représentation.

KURT HUTTON, XXᵉ siècle

185

COURBET
FEMME NUE AU CHIEN
1861–1862

 Courbet adorait les chiens. Il en a inclus un dans un autoportrait et il en a souvent peint dans ses scènes de chasse au réalisme très cru. Ce tableau (l'équivalent des scènes libertines de la peinture rococo du siècle précédent) cherche à séduire une clientèle plus populaire.

GUSTAVE COURBET, 1819–1877

FRAGONARD
LA GIMBLETTE
1769

 La peinture rococo se plaisait aux scènes libertines et Fragonard en peignit toute une série. Ici, le chiot est un prétexte qui donne un semblant de décence. La «gimblette» est le biscuit en couronne que la fille tend au chien.

JEAN-HONORÉ FRAGONARD, 1732–1806

« À l'une des dernières expositions canines où elle
était venue avec deux ou trois de ses plus beaux
chiots mâles, elle hésita à monter sur le banc qui lui
était réservé, à elle et à sa famille, de sorte que je
m'y hissai pour l'inciter à me suivre. Elle fut surprise,
amusée, mais pas intéressée, et c'était aussi vrai
de ma femme, laquelle ne cessait de passer devant
le banc en marmonnant du bout des lèvres :
Descends de là, pour l'amour de Dieu ! »

JAMES THURBER, 1895–1961

ANGLETERRE
EN ATTENDANT LES JUGES
1967

 Il n'est pas étonnant que les petits
chiens semblent souvent aussi hargneux.
Cette photographie naïve montre comme il
doit être terrifiant de vivre dans un monde
de géants. La scène se déroule pendant le
Cruft, l'exposition canine la plus prestigieuse
de Grande-Bretagne qui a lieu, aujourd'hui,
chaque année à Birmingham.

TOULOUSE-LAUTREC
AU CIRQUE
1899

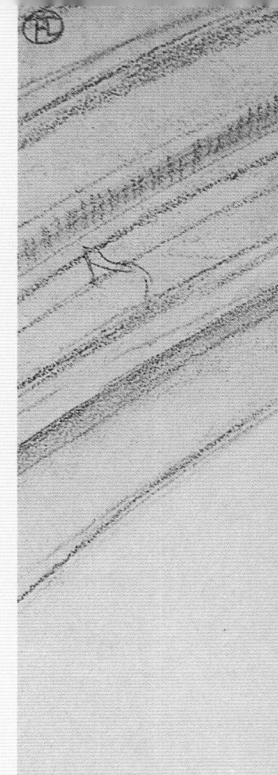 Les Impressionnistes ont aimé peindre les divertissement modernes et populaires. Les numéros de chiens étaient fréquents dans les cirques de l'époque. Dans ce dessin coloré de Lautrec, le clown Footit s'approche, d'un air plutôt menaçant, d'un caniche terrifié.

HENRI DE TOULOUSE-LAUTREC,
1864–1901

LE PSAUTIER DE LUTTRELL
CHIEN SAVANT
XIVe siècle

Les enlumineurs médiévaux aimaient décorer les marges de leurs manuscrits avec d'amusantes miniatures. Malgré les textes religieux (les psautiers étaient des recueils de psaumes), les scènes pouvaient être humoristiques ou satiriques. Ici un homme coiffé d'une mitre d'évêque présente un cerceau au chien acrobate.

SEURAT
BAIGNADE À ASNIÈRES
1883–1884

Seurat emprunta aux Impressionnistes leurs sujets mais tenta de leur donner une sorte de permanence intemporelle. Le chien est un ajout tardif. Sa tête, comme celle des autres personnages, est peinte de profil, tournée vers la droite. Asnières était un lieu de baignade sur la Seine où les travailleurs venaient se détendre un peu après le travail à l'usine qui se profile au loin.

GEORGES SEURAT, 1859–1891

TUKE
GARÇONS AU BAIN
1912

Impressionniste anglais, Tuke a peint beaucoup de scènes de baignade dans sa chère Cornouailles. Ses nus de jeunes garçons suscitèrent quelques polémiques à l'époque mais, rétrospectivement, ses heureuses évocations nous laissent un poignant souvenir de cette génération de jeunes gens qui allaient être fauchés par la Grande Guerre.

HENRY TUKE, 1858–1929

« L'amour le plus fort est
celui d'une mère ; ensuite vient
celui du chien, ensuite celui
de l'aimée. »

PROVERBE POLONAIS

SALIMBENI
LA SAINTE FAMILLE
XVIᵉ siècle

Les maniéristes ont cherché
des façons nouvelles et inhabituelles
de peindre des sujets rebattus. Ici,
le Christ et ses parents habitent un
décor domestique du XVIᵉ siècle,
avec une cuisine à l'arrière-plan.
Autre touche informelle, un petit
chiot joueur tire sur le pagne de
l'enfant Jean Baptiste.

VENTURA DI ARCANGELO SALIMBENI,
1568–1613

WALLER
DANDIES DU YORKSHIRE
1889

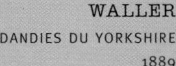 Le Dandie-Dinmont-Terrier tire son nom
d'un personnage d'un roman de Walter Scott
(1771–1832), *Guy Mannering*. Dandie, fermier
et chasseur émérite, possède plusieurs de ces
terriers auxquels il a donné des noms éton-
nants comme *Little Mustard* (Petite Moutarde)
ou *Young Pepper* (Jeune Poivre). Le roman eut
un tel succès que la race fut un temps appelée
«Pepper and Mustard». Le premier club officiel
de Dandie-Dinmont fut créé en 1876.

LUCY WALLER, active 1882–1906

WINSRYG
TROIS CANICHES À PHŒNIX
1996

🐾 On tond les caniches depuis très long-temps, sans doute pour les rendre plus mobiles à la chasse. Certains pensent pourtant que cette pratique ne se justifie que par des mobiles esthétiques, afin de donner aux chiens des airs de lionceaux. Les fréquentes séances chez le toiletteur incitent à l'usage d'ornements divers – rubans et colliers sophistiqués – comme dans ce tableau où des caniches de l'Arizona, tout pomponnés, posent dans un jardin de cactus.

MARIAN WYNSRIG, née en 1941

CHAPMAN
CANICHES BLANCS ET OISEAU
1858

🐾 Les caniches ont été importés en Grande-Bretagne depuis l'Allemagne (d'où ils sont probablement originaires). On les utilisait pour la chasse au gibier d'eau, et leur nom dérive sans doute d'un terme allemand *pudeln* (barboter, patauger). Plus tard des espèces plus petites furent ramenées de France et de Belgique. Certains, comme ceux que l'on voit ici, sont très proches des bichons frisés.

JOHN WATKINS CHAPMAN, actif 1853–1903

201

REINAGLE
LES ENFANTS GREENHALGH
1803

La plupart des chiens adorent courir après une balle ou un bâton et le rapporter. Le jeu réactive leurs instincts de chasseurs. Ici, les enfants jettent des cailloux, ce qui n'est pas vraiment recommandé.

RICHARD RAMSAY REINAGLE, 1775–1862

HARDY
PETIT BOULOT
1949

Autrefois, les scouts essayaient de se faire un peu d'argent en rendant des petits services domestiques. Vu le tempérament impétueux de ce chien, ce jeune garçon aura certainement du mal à gagner ses quelques sous.

BERT HARDY, 1913–1995

TAYLER
DES OTTER HOUNDS
XIXe siècle

Ces chiens étaient à l'origine de merveilleux chasseurs de loutres. En Grande-Bretagne, ils remontent au règne de Henri II (1154–1189), bien que cette chasse ait été surtout pratiquée au XIXe siècle : les propriétaires terriens entretenaient alors des meutes de Otter Hounds. L'origine de la race est obscure ; une source ancienne le décrit comme « un chien endurant, entre le limier et le terrier ».

JOHN FREDERICK TAYLER, 1802–1889

EMMS
À LA FENÊTRE
1899

Bien que surtout connu pour ses tableaux de chasse, Emms a aussi peint des petits chiens familiers. La situation (des chiens qui demandent à rentrer dans la maison) lui permet de rendre diverses expressions de supplication canine.

JOHN EMMS, 1843–1912

CHAPITRE 5

chiens d'utilité

Les hommes ont associé les chiens à leur travail dès l'origine des temps. Ils les ont toujours utilisés pour garder et rassembler les troupeaux de moutons. Le choix des races a varié selon les régions mais on a d'abord privilégié, chez les chiens, la force et la férocité car leur premier devoir était de protéger le bétail contre les loups et les maraudeurs. À l'époque romaine, les chiens portaient de lourds colliers à pointes pour protéger leur gorge et repousser les assaillants. Puis, quand la menace des loups recula, les bergers se mirent à choisir des races plus légères et plus rapides, capables de les aider à réunir leurs ouailles dispersées. Un des chiens de berger favoris était le colley.

Outre leur utilité comme gardiens de troupeaux, les chiens ont aussi fait preuve de leur inestimable valeur dans le travail de trait. Les exemples les plus fameux sont les huskies, très utilisés dans les régions polaires. Leur nom dérive de « Esky », une abré-

viation argotique du mot « Esquimau ». En fait, husky est un terme générique recouvrant diverses races, dont les malamutes, les samoyèdes et les keeshonds. Les huskies sont assez résistants pour supporter les froids extrêmes et tirer les traîneaux lourdement chargés dans les tempêtes de blizzards, mais ils doivent aussi avoir le pied assez sûr pour éviter les endroits où la couche de glace est trop mince. Dans certaines régions, les chiens sont croisés avec des loups pour décupler leur force.

Les chiens furent aussi utilisés comme animaux de trait dans des pays au climat plus tempéré. Au XIXᵉ siècle, les terre-neuve et les dogues tiraient les carrioles de laitier et des petits commerçants dans une grande partie de l'Europe. Cette pratique fut interdite en Grande-Bretagne en 1837 mais elle se perpétua

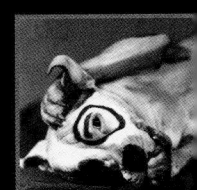

Le troisième grand groupe de chiens d'utilité est employé pour la finesse de leur flair. Un chien est si sensible à l'acidité de la sueur qu'il peut rapporter un galet sur une plage simplement parce qu'il a identifié l'odeur de la main qui l'a lancé. Au premier siècle de notre ère, l'historien grec Plutarque (vers 46–120) racontait comment un chien avait réussi à identifier l'assassin de son maître. Au Moyen Âge, le chien de Saint-Hubert était appelé « limier » ou « chien pisteur » à cause de son flair exceptionnel. Aux États-Unis, les chiens policiers se firent une mauvaise réputation quand on les employa pour traquer les esclaves fugitifs mais ils ont joué un rôle important dans nombre d'enquêtes policières. On a attribué la capture d'au moins six cents criminels à un chien de Saint-Hubert

FRANCE
SOLDAT FRANÇAIS DANS UN DOG-CART

VETHERBEE
A BERGÈRE ET ON CHIEN

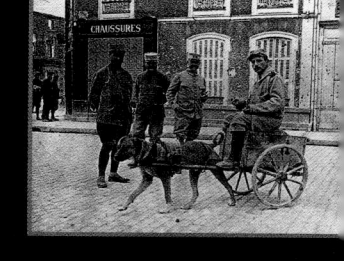

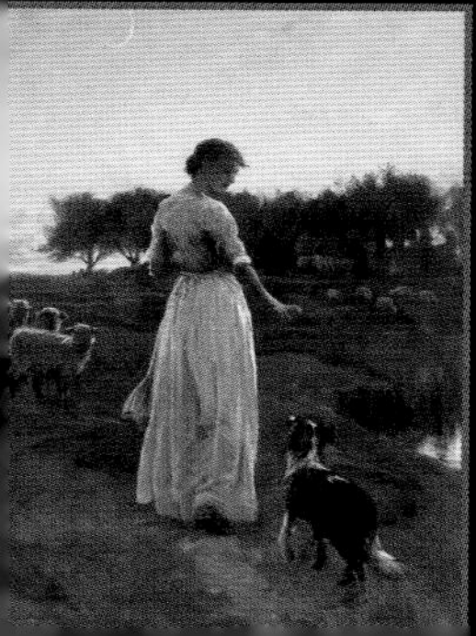

Plus récemment, les chiens réputés pour leur flair se sont avérés précieux dans la lutte contre la drogue et le terrorisme. Dans un domaine d'activités plus anodin, ils sont aussi utilisés pour chasser les rats, repérer les truffes et même les termites. On les admire surtout pour leurs sauvetages en montagne. La race la plus célèbre, à cet égard, est le saint-bernard, qui tire son nom de Bernard de Menthon (923–1008), un moine qui fonda un hospice dans la vallée de l'Aoste en Italie ; il y entraînait ces grands chiens à aller secourir les voyageurs égarés.

Dans les conflits armés plus récents, les chiens ont généralement un rôle passif mais des soldats ont tenu à se battre en compagnie de leur chien. Pendant les guerres napoléoniennes, un chien français, appelé Moustache, fut même décoré pour avoir rapporté le drapeau du régiment.

ÉTATS-UNIS
LA FIÈVRE DE L'OR
EN ALASKA

VERNET
LE CHIEN DU RÉGIMENT
BLESSÉ
1819

Vernet, réputé comme peintre de batailles, exalta l'héroïsme des soldats de l'Empire dans les campagnes napoléoniennes (1803–1815) que la France finit par perdre. On voit ici les risques courus par un chien de régiment à une époque où ces animaux participaient aux opérations. Ils restaient en général près du drapeau, et ce n'est pas un hasard si l'animal a été ramené à la vie par un tambour (*voir ci-contre*).

ÉMILE-JEAN-HORACE VERNET,
1789–1863

ANGLETERRE
CHIEN DE RÉGIMENT
1949

Les chiens de régiment sont les descendants actuels des premiers chiens de combat. Aujourd'hui, ils participent aux cérémonies mais plus aux batailles. Ce bull-terrier nommé Judy était la mascotte officielle du régiment de Liverpool. Elle pose ici avec son dresseur. Son mantelet est brodé aux armes du régiment.

LECOMTE DU NOÜY

GUERRIERS GAULOIS
GARDANT UNE CÔTE
1888

Les Gaulois était un peuple celtique et cette toile s'inscrit dans le renouveau celtique de la fin du XIXᵉ siècle. Les hommes se sont groupés autour d'un feu tandis que leur chien aboie à la lune. En fait les chiens des Gaulois étaient connus pour être de féroces attaquants, armés de terribles colliers hérissés de pointes. Ils étaient aussi réputés pour leurs prouesses à la chasse. Xenophon (vers 435–354 av. J. C.) écrivit : « Pour chasser le lièvre, les chiens celtiques sont préférables à tous les autres ».

JEAN-JULES-ANTOINE
LECOMTE DU NOÜY, 1842–1929

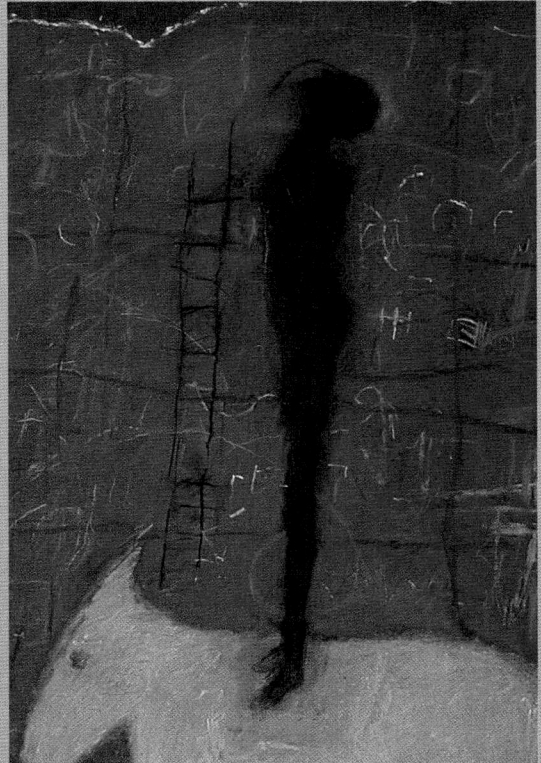

PALANKER
HISTOIRE D'O
1995

Le O en question, c'est Otta, la chienne de Palanker qui figure régulièrement dans ses toiles. Le titre, bien sûr, est une référence ironique au livre érotique de Pauline Réage, *Histoire d'O*, qui fut adapté au cinéma par Just Jackin en 1975 dans un film qui suscita bien des polémiques.

ROBIN PALANKER, née en 1950

STERN
LA NUIT DES ÉTOILES
1991

Les tableaux panthéistes de Stern sont habités par la magie et la nostalgie. Debout sur le dos d'un chien, une femme à la vague silhouette enfantine, cherche dans le ciel quelque inspiration.

PIA STERN, née en 1952

217

BOSCH
L'ESCAMOTEUR
vers 1470–1480

Au début de sa carrière, avant de se mettre à peindre ses foisonnantes visions fantastiques et grotesques, Bosch fit plusieurs tableaux sur les diableries et les folies humaines. Ici, un riche personnage est tellement fasciné par les tours de l'illusionniste qu'il ne s'aperçoit pas qu'on est en train de le voler. La chouette de l'illusionniste, créature nocturne, indique sa malignité et l'étrange coiffe cornue du chien accentue également cette indication démoniaque.

JÉRÔME BOSCH, vers 1450–1516

FLAMAND

OFFRANDE D'UN
LIVRE À JEAN, DUC DE BERRY
VERS 1480

La page de garde des manuscrits enluminés présente souvent le portrait du personnage qui l'a commandé. Ici, le duc de Berry (1340–1416) reçoit la traduction des œuvres de l'Italien Boccace (1313–1375). Ce genre d'occasions permettaient aux enlumineurs de dépeindre des scènes authentiques de la vie de cour. Un nain joue avec le limier et le singe savant du duc.

HACKER
RETOUR DES FOINS
vers 1885

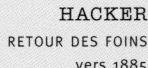 Peintre académique, Hacker se forma, en 1880–1881, auprès du portraitiste français Léon Bonnat (1833–1922) et il exploita le goût des Français d'alors pour les scènes de la vie rurale. À l'époque, ses tableaux furent jugés très réalistes, mais ils nous frappent plutôt, aujourd'hui, par leur sentimentalisme et leur pittoresque. Le Border Collie (ou colley nain) a abandonné ses devoirs de chien de berger pour réconforter la moissonneuse lourdement chargée.

ARTHUR HACKER, 1858–1919

PATON
BORDER COLLIE
vers 1880

Le Border Collie, ou colley nain, est généralement considéré comme le chien de berger le plus efficace. Il allie une agilité quasi féline à un regard hypnotique qui est, dit-on, capable d'arrêter net une vache. Pendant des années on l'a considéré essentiellement comme un chien d'utilité. S'il participe à des concours de chiens de troupeau depuis 1873, il fut exclu des compétitions canines jusqu'à très récemment.

FRANK PATON, 1856–1909

SMYTHE
DANS LA FORGE
XIXe siècle

Dans la peinture victorienne, il n'y a quasiment pas de scènes rurales sans chien. La forge est pleine d'objets et d'animaux qui donnent une impression de fouillis très convaincante, mais on peut se demander si un forgeron laisserait vraiment tant d'animaux errer sur son lieu de travail.

EDWARD ROBERT SMYTHE, 1810–1899

BRUNAIS
LA MÈRE, LE FILS ET LE PONEY
XVIIIe siècle

Les peintres naïfs ont toujours aimé représenter des animaux, même s'ils éprouvent souvent des difficultés à trouver une bonne échelle de grandeur. Ici, l'œuvre est gâchée par la taille minuscule du chien. Henri Rousseau a eu le même type de problèmes en peignant le chien du Père Juniet (*voir p. 237*).

AUGUSTIN BRUNAIS, actif 1763–1780

pages suivantes : ▶
ALLEMAGNE
RETRAITE DES TROUPES ALLEMANDES
vers 1943

Les chiens n'ont pas le sens de l'histoire. Pendant la Seconde Guerre mondiale, les troupes allemandes durent battre en retraite sur le front de l'Est, surprises par les rigueurs de l'hiver russe. Cela n'a pas l'air d'inquiéter ce beau chien qui semble prendre plaisir à poser pour la photo.

MIKE MASCOT

《 Je méprise les gens qui ont
des chiens. Ce sont des lâches
qui n'ont pas le courage de mordre
eux-mêmes leurs ennemis. 》

AUGUST STRINDBERG, 1849–1912

LLOYD
FUNNY SIDE OF LIFE
1925/63

 Attraper un ballon peut être dangereux. Mike va-t-il aller le chercher ou pas? Telle est la question épineuse qui se pose dans une des premières petites comédies filmées de Harold Lloyd. Elle conquit un plus large public quand le comédien réalisa, beaucoup plus tard, une compilation des ses petits films intitulée *Funny Side of Life.*

HAROLD LLOYD, 1893–1971

CHAPLIN
CHARLOT BOXEUR
1915

Dans les films de Chaplin, il y a beaucoup de chiens. La comparaison entre les animaux et les hommes lui fournissait d'excellents ressorts comiques. Ici, il s'efforce d'imiter l'expression agressive du chien, mais le piteux résultat suggère la vanité de ses ambitions de boxeur.

CHARLIE CHAPLIN, 1889–1977

THORVALDSEN
JEUNE BERGER
1817

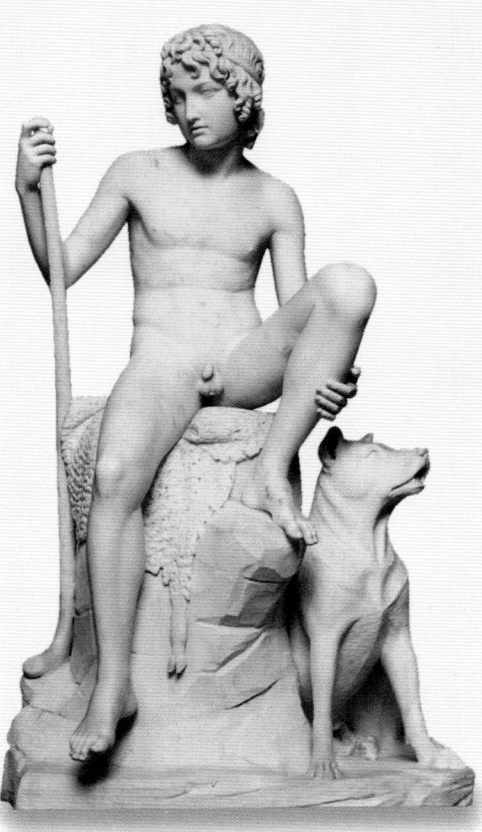 Le Danois Thorvaldsen fut un des grands sculpteurs du mouvement néoclassique. Cette statue, reprenant les modèles de l'Antiquité grecque ou romaine, évoque un âge pastoral idyllique. En outre, elle nous montre que chaque pays d'Europe eut ses préférences pour telle ou telle race de chien de troupeau. Ce robuste spécimen à poil ras rappelle les premiers chiens de bergers, particulièrement féroces, car ils devaient protéger les bêtes des loups.

BERTEL THORVALDSEN, 1770–1884

HUNT
LE BERGER CORROMPU
1851

Le chien fait ce qu'il peut mais il lui est impossible de maîtriser le troupeau sans l'aide de son maître. Ce tableau est une allégorie sur les dangers du tractarianisme, controverse qui divisa gravement l'Église protestante de l'époque. La leçon de Hunt est claire : les ouailles qui ne sont pas correctement guidées par leur pasteur ne peuvent que s'égarer. Ainsi, les moutons se sont déjà aventurés dans le champ de blé, alors que le berger ne songe qu'à observer le sphinx tête de mort qu'il a attrapé de la main gauche.

WILLIAM HOLMAN HUNT, 1827–1910

228

TER MEULEN
MOUTONS DANS
UN MATIN D'HIVER
XIXᵉ siècle

Si les chiens de troupeau savent si bien guider et contrôler le bétail, c'est qu'ils puisent dans leurs instincts primitifs de loups. Une bande de loups se déploie autour de sa proie pour la cerner mais attend le signal du meneur avant d'aller plus loin. Ici, la bande n'est formée que de deux individus, le berger et son chien. Celui-ci, sur le qui-vive, surveille attentivement les moutons, en attendant l'ordre de son meneur – à savoir le berger.

FRANÇOIS PIETER TER MEULEN,
1843–1927

FRANCE
L'ANNONCIATION
AUX BERGERS
vers 1490

L'apparition de l'ange Gabriel qui vient annoncer aux rois bergers la naissance de Jésus est un thème qui permit aux peintres de faire des scènes pastorales réalistes. Cet exemple est tiré d'un Livre d'Heures. Le chien a des allures de lévrier et a une robe ornée de motifs étoilés qui nous rappellent que les bergers vont bientôt se mettre en route, guidés par l'étoile.

231

« Dans les montagnes d'Écosse, il y a une race de chiens, des chiens de bergers qui … ressemblent absolument à ces vieux Écossais avisés, au long nez et aux pommettes hautes … L'un d'eux m'a raconté que son chien, Hector, à force de partager avec lui ses peines et ses soucis, s'était mis à lui ressembler si bien que, lorsqu'il avait trop sommeil pour aller au culte, il y envoyait Hector qui s'asseyait à sa place sur le banc et non seulement le pasteur n'y voyait que du feu mais encore, il le félicitait, le lendemain, de l'attention avec laquelle il avait écouté le sermon. »

HARRIET BEECHER STOWE,
1811–1896

HARVEY
LA TONTE
vers 1830

Les Collies sont les chiens des High
lands d'Écosse où leur rapidité leur perme
de rassembler des troupeaux très dispersé
Ici, deux chiens prennent un repos bien
mérité tandis que les hommes tondent et
marquent les bêtes. Au loin, un troisième
chien surveille les membres dispersés du
troupeau, apparemment sans l'assistance
du berger.

GEORGE HARVEY, 1806–1876

ÉTATS-UNIS
LA FIÈVRE DE L'OR EN ALASKA
1935

Il s'agit d'une photo tirée d'un film adapté du célèbre roman de Jack London (1876–1916) *L'Appel de la forêt,* avec Jack Oakie et Loretta Young. Le roman (1903) raconte les exploits de Buck, volé à ses maîtres californiens et vendu comme chien de traîneau dans le Klondike. Il endure alors mille souffrances et cruautés mais il finira par être sauvé par un sympathique chercheur d'or.

FERNELEY
LE COCHER ET LE TERRE-NEUVE
XIXᵉ siècle

Robbie Burns (1759–1796) et Lord Byron (1788–1824) ayant chanté leurs louanges, les terre-neuve connurent une grande vogue au XIXᵉ siècle. Dans leur pays natal, le Canada, ils étaient utilisés comme animaux de trait, et leur aptitude à sauver les vies en péril était universellement reconnue. Un des plus célèbres tableaux de Landseer, *Un Membre distingué de la société de bienfaisance* (vers 1838), dépeint un terre-neuve, patiemment assis sur le rivage, prêt à aller secourir les nageurs en difficulté. Leur utilisation comme chien d'attelage était moins fréquente, mais ce magnifique spécimen devait avoir fière allure quand il courait à côté de la voiture de son maître.

JOHN E. FERNELEY, 1782–1860

JACOPO DI PIETRO
LE TRIOMPHE DE CÉSAR
1514

Les Romains estimaient beaucoup les chiens et les utilisaient pour la chasse, pour la guerre et comme gardiens. Emblèmes de pouvoir, ils les faisaient participer à leur défilés triomphaux. Si les classes aisées avaient des chiens pour défendre leurs maisons, les pauvres devaient se contenter de leurs oies.

ATTRIBUÉ À JACOPO DI PIETRO, XVIe siècle

ROUSSEAU
LA CALÈCHE DU PÈRE JUNIET
1908

Ce charmant tableau est en quelque sorte un portrait de famille. Rousseau a peint Claude Juniet avec sa femme, des parents et ses trois chiens. Marchand de fruits et légumes, amateur de chevaux, Juniet fut l'un des meilleurs amis de Rousseau. Le personnage coiffé d'un chapeau de paille est un autoportrait du peintre.

HENRI ROUSSEAU, 1844–1910

236

« Le Loup reprit : Que me faudra-t-il faire ?
Presque rien, dit le Chien, donner la chasse aux gens
Portant bâtons, et mendiants,
Flatter ceux du logis, à son maître complaire ;
Moyennant quoi votre salaire
Sera force reliefs de toutes les façons,
Sans parler de mainte caresse. »

JEAN DE LA FONTAINE, LE LOUP ET LE CHIEN, 1621–1695

STANDING
ATTELAGE EN TANDEM
1905

On entraînait les chiens d'attelage en les faisant courir
sur de courtes distances derrière la voiture de leur maître. Il
est clair qu'à l'origine, il s'agissait de se protéger des attaques
des bandits de grands chemins et autres détrousseurs résolus
à dépouiller les voyageurs imprudents. Mais, en fait, les
chiens d'attelage étaient des accessoires de mode destinés
à souligner le raffinement de leur maître. C'est pourquoi
on privilégiait dans ce rôle des races élégantes – pointers
ou dalmatiens.

HENRY WILLIAM STANDING, actif 1895–1905

239

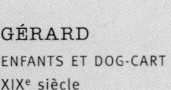

GÉRARD
ENFANTS ET DOG-CART
XIXᵉ siècle

Gérard était un peintre belge, né et formé à Gand. Ses compatriotes utilisaient beaucoup les dog-carts et la scène a indubitablement quelque chose de véridique mais, vu les improbables proportions du chien (il a une petite tête et un corps très long), il n'est pas surprenant que l'artiste ait choisi de minimiser son rôle.

THÉODORE GÉRARD, 1829–1895

FORTESCUE
FÉVRIER
1893

Fortescue travailla beaucoup en Cornouailles, dans la région de St Ives, avant la création officielle de l'école de St Ives. Il est surtout connu pour ses marines, conjurant peut-être, par son œuvre, l'atmosphère d'humidité que l'on ressent dans cette scène hivernale. Contrairement à son congénère belge (*page précédente*), le chien profite d'une agréable promenade en liberté, sans avoir à tirer la carriole lourdement chargée.

WILLIAM B. FORTESCUE, 1855–1924

241

ÉTATS-UNIS
ASTA
1958

Voici une star en train de trier son courrier. Il s'agit d'une photo publicitaire d'Asta, la vedette canine de la série télévisée *The Thin Man* (1958). Dans le film original (1934), un chien résout quasiment tout seul l'énigme d'un crime. Les producteurs de télévision s'arrachèrent ensuite ses services. Les maîtres d'Asta étaient joués par Peter Lawford et Phyllis Kirk.

ÉTATS-UNIS

PETE LE CHIOT

1934

Les bull-terriers ne sont généralement pas considérés comme des bêtes
adorables, mais Pete a un charme in-
contestable. Il jouait dans *Our Gang*, une
série de courtes comédies bouffonnes
très populaires dans les années 20 et 30.
Beaucoup d'enfants acteurs y déployèrent
leurs talents mais ils furent éclipsés
par ceux de Pete.

CHAUSSURES

FRANCE
SOLDAT FRANÇAIS
DANS UN DOG-CART
1917

Plusieurs pays d'Europe, à la fin de la Première Guerre mondiale, utilisaient encore les chiens de trait. Les Belges, par exemple, s'en servirent pour transporter des canons et des munitions. Ici, des soldats français ont trouvé du travail à un chien abandonné par les troupes allemandes en déroute.

VON MENZEL

CHIEN DE TRAIT ET CHAT
vers 1861

Menzel se fit connaître, de son vivant, comme illustrateur de sujets historiques mais, aujourd'hui, on retient surtout ses peintures de la vie industrielle et laborieuse de tous les jours. Cette gouache a été faite à une époque où il n'y avait quasiment pas de limites imposées aux charges tirées par les chiens. La malheureuse créature à l'air tellement épuisé que même le chat, son traditionnel ennemi, semble éprouver un peu de sympathie.

ADOLF VON MENZEL, 1815–1905

ANGLETERRE
CANICHE SAUTEUR
1950

Les numéros de caniches furent très en vogue à Paris, dans des temps moins politiquement corrects. On leur apprenait à marcher sur leurs pattes arrière, à porter des parasols, à reconnaître des mots et des lettres. Sur cette photographie, John Chipperfield répète avec un caniche sauteur, avant un spectacle au cirque Tom Arnold's Harringay de Londres.

ÉTATS-UNIS
PETE SAUTANT À TRAVERS UN CERCEAU
1927

Avec son œil cerclé bien reconnaissable, Pete fut, à une époque, le chien savant le plus célèbre du monde. Il était le héros de plusieurs comédies hollywoodiennes dont la célèbre série *Our gang*. Au sommet de sa carrière, il fut assuré pour une valeur de 10 000 dollars.

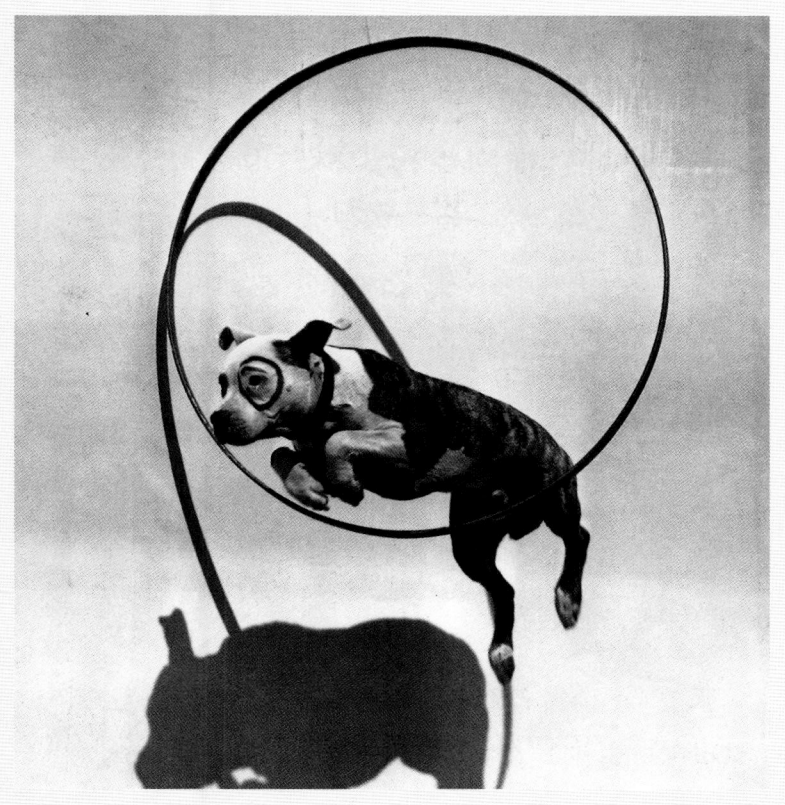

« J'avais un petit chien et M. C.
l'a accepté avec un mot aimable.
Assurément, quand le matin, il
descend, l'air sombre, ou quand
il rentre soucieux de sa promenade, le petit animal amouraché
danse autour de lui sur ses
pattes arrière comme je devrais
le faire mais ne le peux, et il
est flatté et surpris par ces
extraordinaires manifestations
de joie en son honneur
et à sa gloire. »

JANE CARLYLE (1801–1866)

WETHERBEE
LA BERGÈRE ET SON CHIEN
XIXᵉ siècle

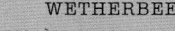 Né à Cincinnati, formé à Boston, Wetherbee voyagea beaucoup puis finit par s'installer à Londres où il adapta rapidement sa peinture au goût victorien. Cette romantique vision d'une bergère et de son chien, dans un crépuscule doré, a bien peu de rapports avec les réalités de la vie paysanne mais il s'en dégage un charme indéniable.

GEORGE FAULKNER WETHERBEE,

1851–1920

HERRING
CHEVAUX DE TRAIT
À L'ENTRÉE D'UN COTTAGE
1854

Herring eut beaucoup de succès avec ses toiles de chevaux de course et ses scènes de chasse qui lui valurent plusieurs commandes lucratives de la famille royale et de la noblesse. À la fin des années 1840, il se tourna vers d'autres thèmes et peignit des scènes de la vie paysanne, empreintes de sentimentalisme. Dans cette vision idéalisée de la campagne, les chevaux restent très présents, face aux jolies fermières et aux joyeuses familles de canards.

JOHN FREDERICK HERRING, 1795–1865

GIOTTO
JOACHIM ET LES BERGERS
vers 1305

🐗 Cet épisode s'inspire d'un texte biblique apocryphe popularisé par *La Légende dorée* de Jacques de Voragines (1230–1298). Au bout de vingt ans de mariage, le riche Joachim n'a toujours pas d'enfant. Pour cette raison, il est renvoyé du Temple de Jérusalem où il apportait un agneau en sacrifice. Humilié, Joachim décide de ne pas rentrer chez lui et d'aller vivre avec des bergers dans le désert. Là, un ange lui apparaît et lui apprend que sa femme va donner naissance à une petite fille qui sera Marie, mère du Christ.

GIOTTO DI BONDONE, vers 1267–1337

IE NY SCAY QVEL REMEDE DE METT
RE AVX QVELLES PVSSAYGE
COVRIR TOVES NE LES PVIS SE
COVRIS MIEVX MEVLT VALVT
DEVX ME DEMETRE
·1537·

RAYMOND

LE MAUVAIS PASTEUR

1537

Le Christ étant connu sous le nom
de «bon pasteur», les tableaux de mauvais
pasteurs devaient logiquement évoquer le
péché, en référence au célèbre passage de
l'Évangile selon saint Jean (*ci-dessous*). Raymond nous donne ici une interprétation assez
réaliste de ce thème. Les brebis se sont épar-
pillées et le berger ne semble pas savoir
dans quelle direction se tourner. À ses pieds,
son chien, fidèle mais sans initiative,
attend ses ordres.

Pierre Raymond, XVIᵉ siècle

« Le bon pasteur donne sa vie pour ses brebis.
Le berger à gages … voit-il venir le loup,
il laisse là les brebis, il se sauve et le
loup les emporte et les disperse. »

L'ÉVANGILE SELON SAINT JEAN, X, 11–12

chiens oisifs

Pour nombre d'entre nous aujourd'hui, la notion de chien sportif ou travailleur apparaît comme un curieux paradoxe. Bien souvent, nos animaux semblent passer la plupart de leur temps à dormir, pelotonnés dans les coins les plus douillets de la maison. Il ne s'agit pas là d'un phénomène moderne de décadence canine : depuis les origines, de nombreuses cultures ont donné aux chiens une place de choix sans en exiger aucune contrepartie. Ils pouvaient être investis d'une symbolique religieuse, prendre place dans des cérémonies, participer à la vie de cour et, plus récemment, parader dans les expositions canines.

L'histoire des pékinois illustre parfaitement cette tendance. Au premier siècle de notre ère, le bouddhisme eut de plus en plus d'adeptes en Chine, remplaçant petit à petit le confucianisme. Cette religion, née en Inde, vénérait le lion,

FRANCE
CHRISTINE DE PISAN
À SA TABLE D'ÉCRITURE

WINSRYG
BILLY À MILL VALLEY

fidèle compagnon de Bouddha. Les Chinois ne connaissaient pas les lions, mais ils trouvèrent une ressemblance faciale entre leurs chiens pékinois et les images du fauve qui leur étaient parvenues. Par conséquent, les pékinois devinrent des chiens-lions sacrés, un des symboles les plus puissants du bouddhisme chinois. À la cour impériale, l'élevage des pékinois était sous la haute surveillance des eunuques qui s'efforcèrent de développer certains traits particuliers, hautement symboliques. Par exemple, ils aimaient voir leurs chiens marqués d'une grande tache blanche au front, rappelant le cercle lumineux sur celui de Bouddha. Ils développèrent aussi une version miniature de la race, les pékinois dits « manchons », faits pour être portés dans les amples tuniques de la noblesse chinoise.

On élevait aussi des chiens de culte dans les monastères tibétains et dans le palais du dalaï-lama. Les moines créèrent leur

REYNOLDS
MISS JANE BOWLES

propre version des chiens-lions mais ce sont leurs massa-apso qui se sont répandus de par le monde.

Les chiens furent également de plus en plus prisés dans les cours occidentales où on les considéraient comme des compagnons. La préférence allait aux petits chiens. À Rome, les femmes de la noblesse favorisaient les bichons maltais qu'elles portaient parfois dans leur manchon. À la cour d'Angleterre, on affectionnait les épagneuls. Avant d'être rebaptisé en l'honneur du monarque, le King Charles était connu sous le nom de « consolateur ». L'amour de Charles II (1650–1685) pour ses chiens lui attira des propos désobligeants de la part du chroniqueur Samuel Pepys (1633–1703). Pourtant, le roi n'était pas une exception. En France, Henri III (1551–1589) se rendait aux audiences avec un panier contenant ses chiens papillons bien-aimés. Bien entendu, les chiens de compagnie ne furent pas le se

CHRISTENSEN
JUDY EN MUSE DE
LA TRAGÉDIE

HEWITT
SUR LA PLAGE
DE BLACKPOOL

vilège des riches. On s'aperçoit dans la littérature et la peinture qu'ils étaient appréciés de toutes les couches de la société. Cette popularité atteignit des proportions inattendues au XIXe siècle lorsque la standardisation des races et l'examen de leur pedigree devint une obsession. En Angleterre, la première exposition canine officielle se déroula à Newcastle en 1859 et ne comptait que soixante participants. La fondation du Kennel Club (1873) contribua à développer l'intérêt pour les expositions canines et dès 1891, le Cruft's Show fut organisé pour la première fois à Londres. À partir de 1877, les États-Unis connurent une évolution similaire grâce au Westminster Kennel Club. Si les chiens continuaient à jouer un rôle passif dans les affaires de l'homme, ils ne pouvaient plus passer leur temps à paresser.

SHONNARD
GOLDEN RETRIEVER

RENOIR
MADAME CHARPENTIER
ET SES ENFANTS

HAHN
SHEILA
1986

Dans cette aquarelle, Hahn a peint son chien dans une pose caractéristique. Quelqu'un vient d'entrer dans la pièce, tirant la chienne de son sommeil. Sheila lève la tête et regarde l'intrus, les yeux encore tout endormis, en se demandant s'il mérite un accueil plus chaleureux.

MOIRA HAHN, née en 1956

ALMASY
COEXISTENCE PAISIBLE
1958

Un amusant exemple de pacte avec l'ennemi. Le chat en mosaïque arque l'échine face au chien (en chair et en os) – réaction instinctive censée le grossir et le rendre plus impressionnant aux yeux de ses éventuels ennemis.

PAUL ALMASY, né en 1906

ANGLETERRE
CHIEN DE SAINT-HUBERT
XIXᵉ siècle

Les lourds plis de la peau de son front donnent au chien de Saint-Hubert l'air malheureux, même quand il est très content. C'est une des plus anciennes races de chiens européens, descendant des limiers créés dans un monastère des Ardennes. Il fut autrefois utilisé pour la chasse au cerf mais aujourd'hui, on s'en sert davantage pour pister les criminels.

DUBIN
CHIEN AUX YEUX JAUNES
1998

Quand elles ne sont pas dehors à chasser, certaines races, comme le labrador doré, sont aussi calmes et détendues que des chiens de salon. Ses origines diffèrent de celles du labrador noir et, selon les spécialistes, sa couleur lui vient d'un croisement entre le golden retriever et le Chesapeake Bay.

Jorg R. Dubin, né en 1955

« Le soir, ma femme et moi, nous nous
sommes querellés à propos du chien
qui était enfermé à la cave, décision
que j'avais prise parce qu'il salissait la
maison et sur laquelle je ne voulais
pas revenir, si bien que nous nous
sommes couchés et avons passé
la nuit à nous disputer. »

SAMUEL PEPYS, 1633–1703

BURNE-JONES
PORTRAIT DE KATIE LEWIS
1886

Katie Lewis était la plus jeune
fille d'un notaire, George Lewis.
Burne-Jones, ami de la famille, envoya
une série de lettres illustrées à la jeune
fille qui furent ensuite publiées (*Lettres
à Katie*, 1925). Ce portrait est d'une
grande liberté pour l'époque.

EDWARD BURNE-JONES, 1833–1898

YASULKA
PORTRAIT DE LANA
1996

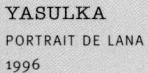 Généralement, les chiens détestent qu'on les laisse seuls à la maison mais ils peuvent alors s'offrir quelques compensations. Les meubles de leurs maîtres sont évidemment beaucoup plus confortables que leur panier. C'est en tout cas l'avis du labrador Yasulka, si l'on en juge à sa pose alanguie sur le canapé.

HAL YASULKA, né en 1964

CHRISTENSEN
JUDY EN MUSE DE LA TRAGÉDIE
1998

Christensen prétend s'être inspiré, pour ce tableau, d'une toile célèbre de Joshua Reynolds, *Mrs Siddons en muse de la Tragédie*. Le parallèle aurait peut-être stupéfié Reynolds mais il aurait été mal venu de s'en plaindre puisque la pose de Mrs Siddons était, elle aussi, empruntée à la figure d'Isaïe, sur le plafond de la chapelle Sixtine peint par Michel-Ange.

WES CHRISTENSEN, né en 1949

265

« Tout chien est un lion chez lui. »

GIOVANNI TORRIANO, XVIIE SIÈCLE

WINSRYG

BILLY À MILL VALLEY
1998

 Vu leur nom de « toys », on imagine que les chiens miniature ont besoin de plus d'égards et d'attentions que les autres. Les pékinois ont particulièrement souffert de cette erreur ; d'une part on s'est obstiné à créer une variante naine de la race, de l'autre, on leur a imposés l'indignité des rubans, pompons et autres falbalas. En fait, comme le suggère le regard vif de Billy, les pékinois sont des chiens très rapides qui n'ont peur de rien.

MARIAN WINSRYG, née en 1941

LEWIS
LECTURE À LA FENÊTRE
vers 1870

 Une scène de félicité domestique. Dans une maison donnant sur la mer, à Hastings, une jeune femme s'est confortablement installée pour lire. À ses pieds, un petit terrier lui jette des regards implorants, espérant la voir lâcher son livre pour lui accorder un peu d'attention.

CHARLES LEWIS, 1830–1892

FRANCE
CHRISTINE DE PISAN À SA TABLE D'ÉCRITURE
(DÉTAIL)
vers 1410–1415

 Inclure un chien dans un portrait de femme était devenu un stéréotype soulignant sa fidélité et sa vertu. Christine de Pisan (vers 1364–1430), fille d'un astrologue royal, fut, dit-on, la première Française qui gagna sa vie par ses livres. Son œuvre la plus célèbre est *L'Epître à Othéa* qui a pour sujet la guerre de Troie du XIIIe siècle av. J.C.

pages suivantes : ▶

CANDID
L'HISTOIRE D'ESTHER (DÉTAIL)
XVIe siècle

 Esther était l'épouse juive du roi de Perse Assuérus. Quand elle apprit qu'on s'apprêtait à massacrer son peuple, elle tenta bravement d'aller en dissuader son mari, bien qu'il fût interdit aux femmes d'entrer chez le roi sans son autorisation. L'artiste a voulu donner à cette scène une atmosphère exotique mais les chiens, paresseusement allongés, auraient aussi bien pu orner une cour d'Occident.

PETER CANDID, vers 1548–1628

MORISOT
FILLETTE JOUANT AVEC UN CHIEN
XIXe siècle

Malgré les prétentions rivales de Mary Cassatt (1844–1926), Morisot fut la plus talentueuse des Impressionnistes femmes. Elle sut rendre avec sensibilité l'atmosphère des scènes domestiques. Même dans cette simple esquisse, l'attitude joueuse du chien est croquée avec talent.

BERTHE MORISOT, 1841–1895

CLAIRIN
SARAH BERNHARDT
1876

La «divine Sarah» (1844–1923), la grande comédienne française, était une passionnée d'animaux. Lorsqu'elle alla travailler en Grande-Bretagne, elle réunit une ménagerie assez conséquente: trois chiens, un perroquet, un guépard, un singe et pas moins de sept caméléons.

GEORGES CLAIRIN, 1843–1919

RENOIR
MADAME CHARPENTIER ET SES ENFANTS
1878

Renoir créa un nouveau style de portraits où les modèles posaient de manière informelle dans leur décor familier. Madame Charpentier, qui tenait un salon littéraire et politique, était un personnage très influent dans la société parisienne mais Renoir l'a peinte détendue, en compagnie de ses enfants. Malgré la robe et les boucles, le plus jeune est un garçon.

PIERRE-AUGUSTE RENOIR, 1841–1919

MALBON
AUX PIEDS DU FAUTEUIL
1850

Les trophées au mur signalent que le maître absent est un chasseur confirmé. Les chiens de meute n'entraient généralement pas dans les maisons, de sorte qu'il s'agit soit d'un chien de rapport, soit, plus vraisemblablement, d'un animal familier. Il s'est installé au chaud, près de la cheminée et, sans le chapeau, il aurait sans doute sauté sur le fauteuil.

WILLIAM MALBON, 1805–1877

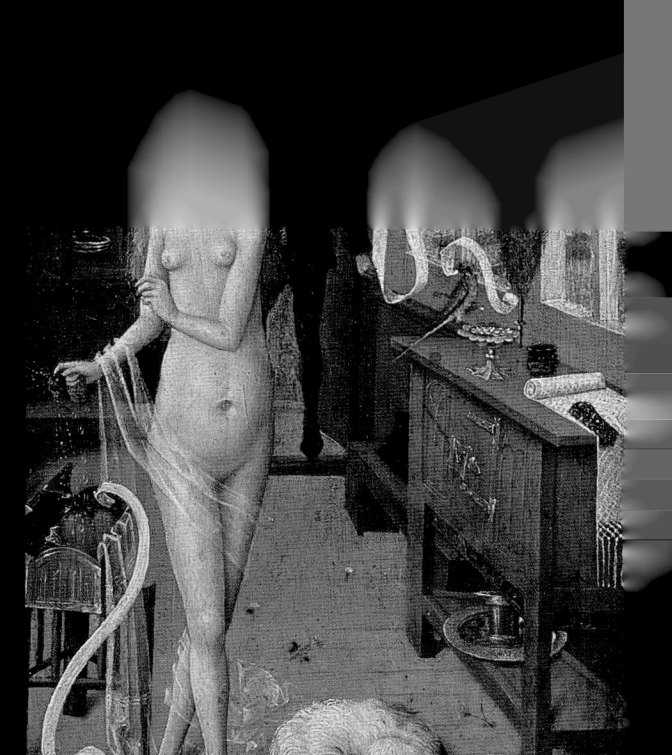

TITIEN
DANAÉ
553

Le père de Danaé l'emprisonna dans une tour d'airain car un oracle lui avait prédit qu'il serait tué par son petit-fils. Malgré ces précautions, Zeus visita la jeune fille sous la forme d'une pluie d'or et l'enleva. Ici, la servante déploie avidement son tablier, dans l'espoir d'attraper quelques pièces d'or, mais le chien ne prête aucune attention à cet amoureux subterfuge. Le fils de Danaé, Persée, accomplit la prophétie fatale.

TITIEN (TIZIANO VECELLIO), vers 1485-1576

**« Une vie de chien,
quiétude et petites faims. »**

PROVERBE ANGLAIS

SHONNARD
GOLDEN RETRIEVER
1994

🐾 Quand ils se reposent, les chiens adoptent différentes postures. Généralement, ils s'enroulent sur eux-mêmes, protégeant ainsi les parties les plus vulnérables de leur corps. Les races de grande taille, se sentant plus en confiance, s'étendent à plat sur le sol. Ce golden retriever est tellement tranquille qu'il n'a même pas levé la tête pour réagir à l'intrusion du photographe.

TIMOTHY SHONNARD, XXᵉ siècle

STRETTON
QUAND LE CHAT N'EST PAS LÀ,
LES SOURIS DANSENT
vers 1890

🐾 Les souris seraient mal avisées de prendre cette liberté avec n'importe quel chien. Quand la chasse aux rats était un divertissement légal, on dressait les chiens à tuer les rongeurs. Les meilleurs ratiers sont les terriers mais les chiens de Saint-Hubert s'attaquaient à des proies considérablement plus grosses – les fugitifs, par exemple.

PHILIP STRETTON, actif 1879–1922

HEWITT
SUR LA PLAGE DE BLACKPOOL
1956

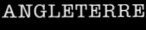 Parce qu'à l'état sauvage, ils
vivent en bandes, les chiens aiment
dormir les uns à côté des autres. C'est
pourquoi un animal préférera toujours
dormir dans, ou près de, la chambre
à coucher de son maître (son chef de
bande) plutôt que dans la cuisine.
Mais il n'y a évidemment pas mieux
que la poitrine de son maître.

CHARLES HEWITT, XXᵉ siècle

ANGLETERRE
PROMENADE
XXᵉ siècle

Jusqu'où peut aller la paresse
d'un chien? Cette curieuse photo
montre un homme faisant du vélo à
Battersea, dans le sud de Londres,
un lévrier sur les épaules. On peut
aussi apercevoir la tête d'un chiot
dépassant de sa veste.

MARC
CHIEN DORMANT
1909

Avant sa période ex-
pressionniste, Marc faisait
des tableaux très natura-
listes. Celui-ci date de
l'époque où il allait régulièrement au zoo de Berlin
faire des croquis et où
il donnait des cours
d'anatomie animale.

FRANZ MARC, 1880–1916

LÓPEZ
CHIEN
1997

Au XXᵉ siècle, le
portrait de chien a été un
genre sur le déclin mais,
dans cette charmante étu-
de, le peintre témoigne
d'une grande précision de
détails. L'animal est visible-
ment plus heureux sur le
tapis que dans son panier.

RICHARD LÓPEZ, né en 1943

STRETTON

ÉPUISÉ

1922

Le titre nous laisse penser que ce petit animal-là est épuisé parce qu'il s'est dépensé sans compter à la chasse. En réalité, les chiens de meute sont rarement autorisés à pénétrer dans les maisons. D'ailleurs il est certain que son maître n'apprécierait pas de voir un chien, fût-ce son préféré, couché sur son équipement de chasse.

PHILIP STRETTON, actif 1879–1922

« Elle n'était plus notre petite agnelle chérie, elle était celle des chiens. Eux qui étaient toujours prêts à se chamailler et à se battre entre eux, ne grognaient ou ne mordaient jamais Libby ; elle n'essayait jamais de prendre leur os et leur offrait un moelleux oreiller quand ils dormaient ou restaient allongés à sommeiller pendant des heures. »

WILLIAM HENRY HUDSON, 1841–1922

CARRION
MONTY
1999

Le teckel (son nom allemand *dachshund* signifie chien à blaireaux) était, à l'origine, utilisé pour la chasse au petit gibier. Les temps changent et il y a fort à parier que nos teckels d'aujourd'hui ne sauraient pas quoi faire avec un blaireau s'ils en rencontraient. En revanche, ils savent très bien s'enfouir sous les édredons.

MARAVILLAS CARRION, née en 1968

YASULKA
MONA
1997

 Quand Mona, un adorable petite carlin, décide de dormir, elle se roule jusqu'à n'être plus qu'une minuscule boule noire et blanche. Yasulka dessine et peint souvent les créatures qui partagent avec lui son atelier – et il n'aurait pu trouver un modèle plus complaisant.

HAL YASULKA, né en 1964

NAVA
PORTRAIT DE KELLY M. AVEC MAVIS (DÉTAIL)
1997

Les chiens détestent se sentir abandonnés. Quand Nava entreprit de faire le portrait de Kelly, sa chienne Mavis insista pour être de la partie. Elle resta assise aux pieds de sa maîtresse si patiemment qu'à la fin, le peintre décida de l'inclure dans sa toile.

JOHN NAVA, né en 1947

« Je savais qu'un homme qui s'occupe de ses chiens est une chose, un homme qui aime ses chiens, une autre. Les chiens, au mieux, ne sont que des vagabonds couverts de vermine, qui se grattent et s'écorchent, qui se nourrissent d'ordures, des créatures impures selon la loi de Moïse et de Mahomet. Mais un chien avec lequel on vit en tête à tête au moins six mois de l'année : une créature libre, si étroitement attachée par l'amour qu'elle vous porte que, sans vous, elle ne bougera ni ne se dépensera, une âme patiente, tempérée, drôle, avisée, qui connaît vos humeurs avant que vous même n'en preniez conscience n'est pas un chien assujetti à une loi. »

RUDYARD KIPLING, 1865–1936

BISSELL
VEILLE AU CROISEMENT
1996

Le titre de Bissell est manifestement ironique car le tableau, loin de représenter un croisement, montre une route étroite, plutôt étouffante, et le chien ne veille pas mais semble profondément endormi. Néanmoins, il se dégage de cette œuvre une impression de malaise. Quelque chose a fait prendre leur envol aux corbeaux (présages de malheur) et le chien immobile rappelle ces figures canines que les Anciens plaçaient à l'entrée des tombeaux pour garder l'esprit des morts.

ROBERT BISSELL, né en 1952

PARSONS
CHAUDE APRÈS-MIDI
XXᵉ siècle

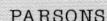 Quand, avec l'industrialisation crois-
sante et le surpeuplement, le rythme de la
vie urbaine s'accéléra dans l'Angleterre victorienne, tout le monde se prit à rêver de
campagnes idylliques. Le bruit infernal des
villes y serait remplacé par les chants d'oiseaux et le délicieux bourdonnement des
abeilles et l'on pourrait se prélasser au
soleil, au milieu des fleurs, comme ce
chien bienheureux.

ALFRED PARSONS, 1847–1920

CHARLTON

 Une mère qui doit s'occuper de ses petits a peu de moments de tranquillité. Celle-ci a fini de les allaiter mais le chiot à gauche a envie de jouer. Ses jappements ont réveillé ses frères et sœurs ; cependant la mère ne réagit pas, résolue à profiter d'un de ses rares moments de détente.

JOHN CHARLTON, 1849–1917

ANGLETERRE

OUVRIÈRE AGRICOLE VAINCUE PAR LA FATIGUE
XXᵉ siècle

Dans la Rome antique, les riches patriciens avaient des chiens pour les avertir de l'intrusion d'éventuels brigands mais les pauvres se contentaient de leurs oies. Si le toutou endormi dans cette ferme du Hertfordshire ne réagit pas, les oies le feront peut-être à sa place.

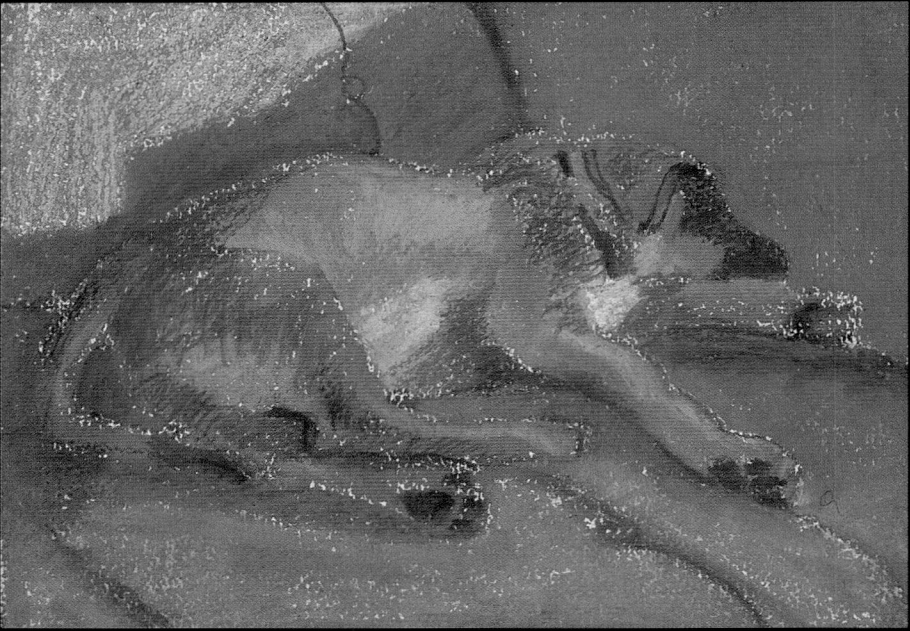

Des figures de Vénus allongées décoraient souvent les chambres à coucher, parfois accompagnées de petits chiens. Ici, l'ajout d'un paysage est assez curieux, mais il a permis à Cupidon de cueillir quelques roses pour sa mère. Selon la légende, Vénus créa la première rose rouge : s'étant piquée à une épine, son sang colora les pétales de la fleur blanche.

BONIFAZIO VERONESE,
1487–1553

LÓPEZ
DOG 1
1994

Lópcz peint généralement des travailleurs hispaniques, mais ici, il s'est intéressé à leur fidèle compagnon – un attachant bâtard qui fainéante sur une chaise avec le plus grand bonheur.

RICHARD LÓPEZ, né en 1943

REYNOLDS

MISS JANE BOWLES
1775

Reynolds, célèbre portraitiste d'enfants, a souvent inclus des chiens dans ses compositions. Ici, la pose a toute la spontanéité d'une photographie moderne. La petite fille tient son chien un peu trop serré contre elle tout en souriant gentiment au peintre. L'animal, qui n'a pas l'air à son aise, va sans doute chercher à s'échapper à la première occasion.

JOSHUA REYNOLDS, 1732–1792

« L'épagneul d'un roi vaut une livre,
écrivit Howel Dha dans son Livre des Lois.
Et quand nous pensons à ce que l'on
pouvait acheter avec une livre en l'année
948 de notre ère – combien de femmes,
d'esclaves, de chevaux, de bœufs,
de dindes et d'oies – il est clair que
l'épagneul était déjà un chien
précieux et renommé. »

VIRGINIA WOOLF, 1882–1941

LARGILLIÈRE
LA BELLE STRASBOURGEOISE
XVIIIe siècle

Au XVIIe siècle, les épagneuls King Charles
étaient très en vogue chez les rois et les nobles.
Au XXe siècle, pourtant, la race avait évolué et se
caractérisait par un museau beaucoup plus camus,
de sorte qu'en 1926, Roswell Eldridge de New York
offrit un prix à l'éleveur qui retrouverait le King-
Charles à l'ancienne, avec son long museau. Il
en résulta le King Charles cavalier, aujourd'hui,
le plus prisé des deux.

NICOLAS DE LARGILLIÈRE, 1656–1746

« Il ne travaille pas, il ne s'affole pas, pourtant
Salomon, dans toute sa gloire, ne reste jamais
couché toute la journée sur un paillasson
à lézarder au soleil, à gober les mouches
et à engraisser pendant que son maître
s'évertue à gagner de quoi obtenir un
joyeux mouvement de queue et un regard
de bienveillante reconnaissance. »

AMBROSE BIERCE, 1842–VERS 1914

EARLE
SOLITUDE, EN ATTENDANT UN NAVIRE À TRISTAN DA CUNHA
1824

 La vie peut être bien solitaire, même pour un chien, dans la colonie britannique de Tristan da Cunha. En 1816, une garnison resta stationnée dans cette île éloignée de l'Atlantique Sud, après l'échec de plusieurs tentatives pour fonder une colonie. L'année suivante, la communauté toujours minuscule, luttait pour sa survie quotidienne. On tenta de persuader quelques misérables marins de rejoindre la colonie (ce qui explique vraisemblablement l'attente de l'homme armé) mais, en 1886, elle ne comportait toujours pas plus de quatre-vingt-dix-sept habitants.

AUGUSTUS EARLE, 1793–1838

chiens symboliques

GIOTTO
LE RÊVE
DE JOACHIM

Les chiens ont joué un rôle si important dans diverses cultures qu'ils ont été associés à de multiples personnalités mythiques ou historiques et en sont venus à symboliser une étonnante variété de notions dans le domaine religieux et dans celui des idées.

Plusieurs de ces associations sont des plus prévisibles. En Occident, le chien est depuis longtemps considéré comme un symbole de fidélité – et en particulier de fidélité conjugale lorsqu'il figurait dans les portraits. Au Moyen Âge, les chiens apparaissaient très souvent sur les effigies des tombeaux, sculptés généralement aux pieds du défunt. Il pouvait aussi symboliser la loyauté féodale due par le vassal à son seigneur. En Orient, au contraire, les chiens sont surtout considérés comme des emblèmes de vigilance et de protection. On plaçait des statues de chiens à l'en-

ÉGYPTE
SCULPTURE DE CHACAL

trée des temples et des palais, ou on les enterrait avec les morts. Ces gardiens funéraires devaient éloigner les mauvais esprits et guider l'âme du défunt dans son voyage vers le monde souterrain.

À un niveau plus abstrait, les chiens entraient souvent dans les peintures allégoriques des cinq sens, incarnant l'odorat. Le plus célèbre exemple se trouve sur la série de tapisseries de *La Vierge à la licorne* (vers 1510). Plus surprenantes peut-être, les associations avec l'envie (un des sept péchés capitaux) et la mélancolie (une des quatre humeurs constitutives du corps pour les Anciens). Le plus bel exemple se trouve dans la célèbre gravure d'Albrecht Dürer, *Mélancolie I* (1514).

Dans le domaine de l'astrologie, le chien est connu comme la onzième des douze créatures des calendriers chinois

et japonais. À l'aube de la création, Bouddha convoqua les animaux et, pour leur rendre hommage, leur consacra à chacun une année tous les douze ans. La nouvelle année du chien commencera en février 2006. D'une façon similaire, le dixième jour était symbolisé par un chien dans les calendriers mayas (du IVe au Xe siècle) et aztèques (du Xe au XVIe siècle). On attribuait à ceux qui étaient nés sous ce signe des qualités de meneurs d'hommes.

Dans de nombreux pays, les chiens en sont aussi venus à symboliser l'identité d'un parti ou d'une nation. Un des exemples les plus curieux est celui du Keeshond (ou Spitz-Loup) qui, dans la Hollande du XVIIIe siècle, fut adopté comme symbole par la faction rebelle en lutte avec la maison de Guillaume d'Orange. Les insurgés se désignaient sous le nom de «Keezen», d'une part parce que ce mot signifie mordre ou grogner, d'autre

ANGLETERRE
BOULEDOGUE ANGLAIS

part parce que leur chien s'appelait William Kees de Gyselaer lequel donna son nom au Keeshond.

Les connotations patriotiques associées à tel ou tel chien ont pu nuire à leur popularité. En Angleterre, par exemple, le bouledogue a longtemps représenté l'esprit patriote. De son côté, le berger allemand fut rebaptisé alsacien, après la Première Guerre mondiale, pour lui épargner les retombées de l'anti-germanisme.

En fait, les Allemands étaient surtout férus du teckel. Le kaiser Guillaume II (1859–1941) avait eu plusieurs de ces petits chiens vifs qui, avant la guerre, figuraient souvent dans les œuvres des peintres allemands. Mais, après la défaite, les attitudes changèrent. Dans le poignant *Marchand d'allumettes* d'Otto Dix (1920), un ancien combattant et un teckel se retrouvent face à face, symbolisant la dés-

ANGLETERRE
L'ASSISTANT
DU PÈRE NOËL

DIX
LE MARCHAND
D'ALLUMETTES

SUTHERS
DEUX SAINT-BERNARD
DANS UN PAYSAGE ALPESTRE
XIXᵉ/XXᵉ siècle

SUTHERS
DEUX SAINT-BERNARD
DANS UN PAYSAGE ALPESTRE
XIXᵉ/XXᵉ siècle

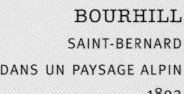 Bernard de Menthon fut l'objet d'une multitude de mythes. Ainsi, d'après *La Légende dorée* qui date du XIIIᵉ siècle, sa mère aurait eu un rêve récurrent pendant sa grossesse dans lequel elle se voyait portant un chiot qui ne cessait d'aboyer dans son ventre. D'autres commentateurs ont souligné la ressemblance mystérieuse entre les taches de la robe du saint-bernard et le blason des augustins.

LEGHE SUTHERS, 1856–1924

BOURHILL
SAINT-BERNARD
DANS UN PAYSAGE ALPIN
1892

Cette race fameuse tire son nom de Bernard de Menthon (923–1008), un moine augustin qui fonda un hospice pour les voyageurs dans un col des Alpes, baptisé également Saint-Bernard. Pendant les mois d'hiver, les moines s'efforçaient de sauver ceux qui avaient été pris par une avalanche ou une coulée de neige. Vraisemblablement, l'hospice eut des chiens dès le début mais, en réalité, ils ne servirent à secourir les hommes en péril que vers le milieu du XVIIᵉ siècle. Saint-Bernard est désormais le saint patron des montagnards.

JAMES BOURHILL, XIXᵉ siècle

ANGLETERRE
LE THÉ DE MARCUS
1964

Les saint-bernard sont réputés pour apporter des vivres aux voyageurs perdus, de sorte qu'il est juste que les hommes leur retournent cette faveur. Le chien Marcus a acquis le goût des Britanniques pour le thé. En fait, l'image du saint-bernard avec un tonnelet de cognac accroché au collier n'est qu'un mythe populaire, même si on leur a parfois attaché sur le dos des couvertures et du pain.

SPERLING
SAINT-BERNARD ET PINSCHER NAIN
XIXᵉ/XXᵉ siècle

Les origines du saint-bernard sont incertaines mais l'on raconte qu'il s'est développé à partir du dogue du Tibet, introduit en Europe par le roi Xerxès de Perse (vers 519–465 av. J.C.) en 485 av. J.C. Par une curieuse ironie du sort, certains moines de Saint-Bernard furent invités en 1932 à créer un hospice au col du Latsa au Tibet. La variante à poils ras de cette race s'est révélée plus efficace dans le travail de secours que celle à poils longs (*ci-contre*) qui reviennent toujours de leur mission avec une robe alourdie par des particules de glace.

HEINRICH SPERLING, 1844–1924

« **Gare au chien silencieux
et à l'eau qui dort.** »

PROVERBE LATIN

SAVERY

ORPHÉE CHARMANT LES ANIMAUX
vers 1618

 Les chants d'Orphée, poète et musicien de
Thrace, envoûtaient les fauves, les oiseaux et même
les arbres. Les animaliers ont trouvé dans ce mythe
l'occasion de jouer avec le thème du Jardin d'Éden. Ce
tableau compte de nombreux animaux mais Orphée,
sous un arbre, au loin, est à peine visible. Comme
dans toute représentation traditionnelle du paradis, les
animaux qui normalement devraient se pourchasser
et se battre se côtoient paisiblement.

ROELANDT SAVERY, 1576–1639

LE CORRÈGE
JUPITER ET GANYMÈDE
vers 1530

 Ganymède était un jeune berger renommé pour sa beauté. Zeus, épris de lui, se transforma en aigle et vint l'enlever à son troupeau. Les féroces aboiements du chien de Ganymède ne troublent évidemment pas le ravisseur de son maître. Zeus transportera le garçon sur le mont Olympe où il deviendra l'échanson des dieux.

LE CORRÈGE, vers 1489–1534

TITIEN
VÉNUS ET ADONIS
1553

 Vénus tomba éperdument amoureuse d'une jeune homme d'une grande beauté, Adonis. Il ne lui rendit pas son amour – ce que symbolise le Cupidon endormi à l'arrière-plan. Adonis a hâte de partir avec ses chiens mais la déesse essaie de le retenir, pressentant peut-être qu'il va bientôt être tué dans un accident de chasse.

TITIEN (TIZIANO VECELLIO), vers 1485–1576

« Le loup-garou qui, chaque nuit, hurle une demi-heure, ancré dans le clair de lune, juste devant la porte, en se prenant pour le chien de garde d'une ferme isolée, assiégée par les marau-deurs, ne fait qu'un grand tapage. »

ROBERT LOUIS STEVENSON, 1850–1894

BURNE-JONES
CERBÈRE
1875

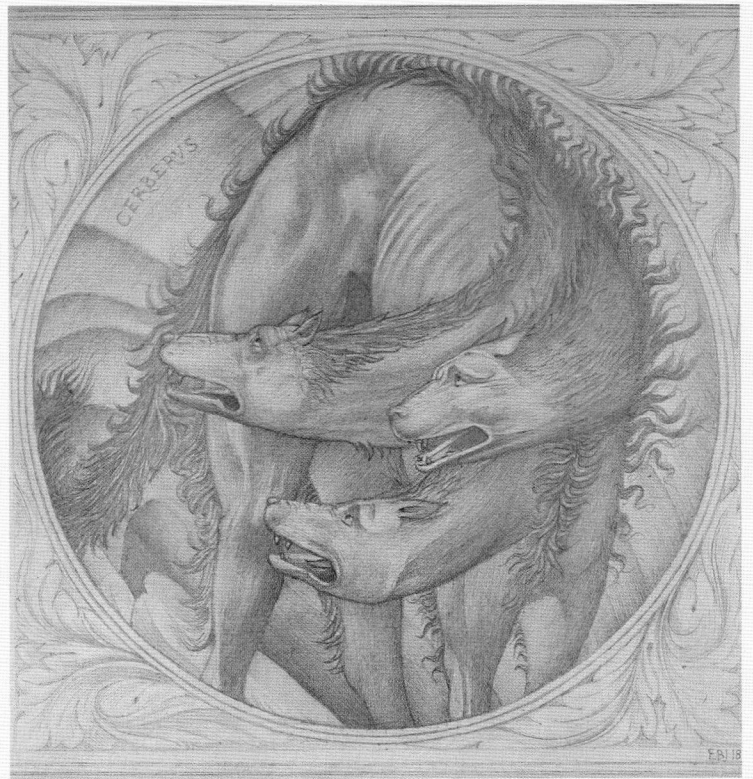 Dans la mythologie grecque, Cerbère était le terrible molosse à trois têtes qui se tenait à l'entrée de l'Hadès, prêt à dévorer les vivants. Burne-Jones en donne une image relativement adoucie. D'après certaines sources, ses trois têtes étaient couronnées de serpents et sa queue, hérissée de pointes, déchirait la chair humaine.

EDWARD BURNE JONES, 1833–1898

VECCHI
CARTE DU CIEL (DÉTAIL)
vers 1574–1575

Les cartes célestes comportent divers chiens dont les principaux sont Orion, à savoir Sirius (l'étoile du Grand Chien) et Maera ou Laelaps (l'étoile du Petit Chien). Selon une légende, Orion était un chasseur renommé, compagnon de la déesse Artémis. Après sa mort lors d'un accident de chasse, elle le porta jusqu'aux cieux et le plaça parmi les étoiles.

GIOVANNI DE' VECCHI, 1536/37–1615

JEUX DE LA XVII OLYMPIADE

ROMA ◯◯◯◯◯ 25.VIII–11.IX

HERBERG
CHIENNE
1987

🐺 Inspirée de la *lupa romana* (*à droite*), la chienne d'Herbert est un symbole intemporel de maternité. Strictement vue de profil (elle semble même en équilibre sur deux pattes), la mère attend patiemment le retour de ses petits pour qu'ils tètent ses mamelles gonflées.

Mayde Meiers Herberg, née en 1946

ITALIE
AFFICHE POUR LES JEUX OLYMPIQUES
1960

🐺 Pour les jeux olympiques d'été à Rome, les autorités italiennes firent un ample usage du symbole de la Ville éternelle, la louve ou *lupa romana*, qui allaita ses fondateurs. L'affiche s'inspire d'une célèbre statue étrusque datant du Ve siècle av. J.C. Pendant des années elle se dressa devant le palais du Latran jusqu'à ce que le pape Sixte IV en fasse don à la ville. La sculpture des jumeaux, Romulus et Rémus, fut ajoutée à la Renaissance.

ÉGYPTE

SCULPTURE DE CHACAL

VII/VIᵉ siècle av. J. C.

Dans l'Égypte ancienne, les chacals symbolisaient soit Anubis soit Apuet. C'étaient des dieux passeurs qui guidaient les âmes à travers le monde souterrain jusqu'au royaume d'Osiris. Ils étaient représentés sous forme de chacals ou d'hommes à tête de chacal – cette dernière forme étant la plus courante dans les hiéroglyphes.

ÉGYPTE

ANUBIS, DIEU DES MORTS

PENCHÉ SUR LA MOMIE DE SENNUTEM

XIVᵉ siècle av. J. C.

Anubis était la principale déité funéraire en Égypte. Il gardait les tombes et présidait au travail de l'embaumement. Les prêtres chargés de cette tâche portaient traditionnellement des masques de chacals. Anubis gardait aussi les Échelles de la Vérité qui permettaient de mesurer les actes du défunt. Ici, le dieu fait un geste protecteur sur le corps de Sennutem, un dignitaire de la nécropole de Dayr-al-Madinah.

« Les chiens gardent aussi loyalement qu'ils aiment,
ils adorent leurs maîtres, détestent les étrangers,
leur aptitude à suivre les odeurs est remarquable,
ils sont ardents à la chasse. Que signifie tout cela
sinon qu'ils ont été créés au bénéfice de l'homme ? »

CICÉRON, 106–43 AV. J. C.

ANONYME
LA MANDRAGORE
XIIe siècle

 On attribuait autrefois à la légendaire mandragore des vertus magiques. Elle pouvait agir comme un charme d'amour, fertiliser les femmes, aider les voyants, etc. Mais la cueillir était une entreprise périlleuse car elle ne poussait, disait-on, que près des gibets et ses racines aux formes humaines se mettaient à hurler quand on les arrachait ; leurs cris tuaient tous ceux qui l'entendaient. Ainsi, on préconisait une méthode : attacher un chien à la plante et l'obliger à courir, lui laissant ainsi accomplir cette tâche mortelle.

FRANCE
LA VIERGE À LA LICORNE
XVe siècle

Voici un détail d'une célèbre série de tapisseries représentant une allégorie des cinq sens comportant des scènes de chasse. À cause de leur flair exceptionnel, les chiens symbolisaient le sens de l'odorat – intention soulignée par la profusion de fleurs parfumées.

321

DÜRER
MELANCOLIE I
1514

La mélancolie était un de quatre tempéraments répertoriés par les hommes de la Renaissance. Sans connotations négatives, elle désignait un caractère porté à l'introspection et à la contemplation. En termes mythologiques, la Mélancolie (la figure ailée sur cette reproduction) était fille du dieu Saturne et avait un chien pour attribut – d'où sa présence dans la gravure.

ALBRECHT DÜRER, 1471–1528

CARPACCIO
SAINT AUGUSTIN DANS SA CELLULE
vers 1502

Les peintures de Carpaccio sont remplies de détails anecdotiques relatifs à la vie vénitienne. Ici, Augustin de Hippone (354–430), un des grands pères de l'Église et prolifique penseur théologique, se trouve au milieu d'un amas de livres et de manuscrits. Tandis que le saint, par la fenêtre, reçoit la vision de saint Jérôme, son chien l'observe avec attention.

VITTORE CARPACCIO, vers 1450/60–1525/26

STROZZI
LA MADONE DU ROSAIRE, SAINT ROCH,
SAINT DOMINIQUE ET SAINT SÉBASTIEN
XVIIᵉ siècle

Le chien de saint Roch est représenté avec une miche de pain qu'il
apporte à son maître, malade de la peste.
Saint Dominique (vers 1170–1221) est aussi
lié aux chiens : quand sa mère priait pour
que le ciel lui accorde un enfant, elle eut
la vision d'un chien portant une torche
enflammée, symbolisant la foi brûlante
de son futur fils.

BERNARDO STROZZI, 1581–1644

LILIO
SAINT ROCH
XVIᵉ siècle

Saint Roch (1293–1327) était le
saint patron des victimes de la peste
qu'on appelait la Mort Noire. Il porte la
coquille St.-Jacques du pèlerin et arbore une marque de cette maladie sur la
cuisse. On le représente toujours avec
un chien, car on pensait que la salive
canine avait des vertus cicatrisantes.

ANDREA LILIO (ANDREA DA ANCONA
NELLA MARCA), 1555–1610

pages suivantes : ▶
KESSEL
LE JARDIN D'ÉDEN
1659

La peinture ani-
malière a toujours été
un domaine spécifique
tenu en assez piètre es-
time. Mais en tant que
thème biblique, le Jar-
din d'Éden restait un
sujet prestigieux, très
populaire. On ne s'é-
tonnera pas qu'Adam
et Ève n'y jouent qu'un
rôle secondaire tandis
que l'accent est mis
sur l'harmonie entre
les diverses espèces
animales. Mais les deux
chiens qui aboient aux
cygnes menacent de
troubler cette humeur
sereine.

JAN VAN KESSEL,
L'ANCIEN, 1626–1679

ANDREA DEL SARTO
L'ARCHANGE RAPHAËL, TOBIE,
SAINT LÉONARD ET UN DONATEUR
VERS 1511

L'histoire de Tobie et de l'ange est relatée dans le Livre de Tobit (son père), un des livres apocryphes. Tobie et son chien traversèrent le désert accompagnés d'un inconnu qui se révéla être Raphaël. Au cours de leur pérégrination, ils furent attaqués par un poisson géant (sans doute un crocodile, dans la légende originelle). Pour les Juifs, les chiens étaient des créatures impures et l'Ancien Testament en donne une image très négative, mais la légende de Tobie s'ancre dans le folklore assyrien et perse qui tenait les chiens en meilleure estime.

ANDREA DEL SARTO, 1486–1531

GIOTTO
LE RÊVE DE JOACHIM
VERS 1305

Voici un autre épisode de la légende de saint Joachim (*voir p. 250*). Durant son exil dans le désert, l'ange Gabriel (reconnaissable à sa baguette à fleur de lys) apparaît en rêve à Joachim et lui dit de retourner auprès de sa femme. Pendant ce temps, les bergers continuent à travailler, sans se soucier de cette visitation miraculeuse.

GIOTTO DI BONDONE, vers 1267–1337

« Le matin, le chien met en garde le marin
Le soir, le chien lui donne réconfort et espoir. »

W. ROPER, XIXᴱ SIÈCLE
(CHIEN DE SOLEIL, UN PETIT ARC-EN-CIEL)

ANGLETERRE
ADAM NOMMANT LES ANIMAUX
XIIᵉ siècle

GADDI
NATIVITÉ (DÉTAIL)
1392–1395

Cet épisode est tiré de *L'Histoire de la Vierge et de la ceinture sacrée* que Gaddi exécuta sur le dôme du Prato en Italie. Cette fresque illustre la naissance du Christ ; la présence du chien et des moutons signale l'arrivée prochaine des rois bergers.

AGNOLO GADDI, vers 1333–1396

Les bestiaires (le *Aberdeen*, par exemple, dont cette illustration est tirée) étaient des manuscrits médiévaux très populaires dans lesquels les animaux font passer des morales. Le symbolisme variait d'un texte à l'autre, mais le chien y était fréquemment dépeint comme la plus sage des bêtes car seul il reconnaît son nom. Autre thème courant : l'association du chien et de la foi, illustrée par un chien de garde (représentant le prêtre) attaquant un chat (symbole traditionnel d'hérésie).

331

HONDT
LE RASSEMBLEMENT
DES ANIMAUX
XVIIe siècle

Sur la droite du tableau, Noé et les siens coupent du bois pour l'Arche que l'on aperçoit au loin, presque achevée. Pendant que les animaux se rassemblent par couples pour monter sur l'embarcation, le chien, à en juger par son vigoureux grattage, a pris charge d'un couple de puces.

LAMBERT DE HONDT,
mort vers 1665

ALLEMAGNE
L'ARCHE DE NOÉ
1483

Cette gravure est tirée de la Bible de Nuremberg, un des premiers livres imprimés avec des illustrations. Conformément aux représentations cartographiques de l'époque, la mer apparaît comme un lieu mystérieux, peuplé de sirènes et autres créatures fantaisistes. Sur le pont de l'arche, un chien regarde ces êtres étranges et les tours des cités submergées.

ARCHA NOE

MEMLING
L'ADORATION DES MAGES (DÉTAIL)
1480

Il s'agit d'un détail d'une œuvre intitulée *Les Sept Joies de Marie* représentant divers épisodes relatifs à la naissance du Christ. Comme les autres peintres flamands de l'époque, Memling a donné à ses rois Mages l'allure de courtisans de son temps. L'élégant lévrier pourrait être l'ornement d'un palais princier de l'époque.

HANS MEMLING, vers 1433–1494

DAVID
L'ADORATION DES MAGES
XVe siècle

Les peintres de la Renaissance voulurent donner à leurs scènes bibliques une certaine fraîcheur et spontanéité en les situant dans des décors contemporains. Les vêtements, l'architecture et même les présents des Mages devaient sembler très familiers aux commanditaires de David. Le rôle des chiens est aussi traité d'une façon moderne. Celui du premier plan est un animal de courtisan, tandis que les autres s'apprêtent à aller chasser.

GÉRARD DAVID, vers 1460–1523

HOGIN
DAPHNÉ
1994

 L'œuvre de Hogin est emplie de références à la mythologie grecque. La nymphe Daphné fut transformée en laurier mais elle n'a pas grand-chose à voir avec cette créature de cauchemar. Cette Daphné-là, ailée et cornue, évoque plutôt un monstre infernal venu terroriser les infortunés mortels.

LAURIE HOGIN, née en 1964

ITALIE
LUPA ROMANA
vers 170 de notre ère

Les Romains créèrent de nombreuses images de la célèbre louve qui jouait un rôle essentiel dans la mythologie de la ville. Selon la légende, Romulus et Rémus, les frères jumeaux fils d'une vestale vierge, furent abandonnés peu après leur naissance. Une louve les éleva et Romulus put ainsi fonder la ville de Rome.

336

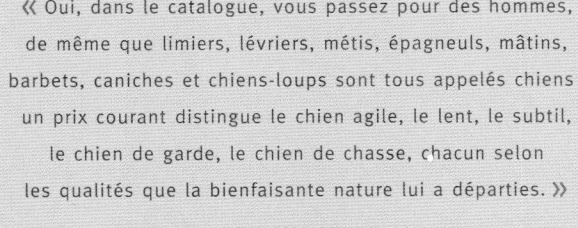

« Oui, dans le catalogue, vous passez pour des hommes,
de même que limiers, lévriers, métis, épagneuls, mâtins,
barbets, caniches et chiens-loups sont tous appelés chiens :
un prix courant distingue le chien agile, le lent, le subtil,
le chien de garde, le chien de chasse, chacun selon
les qualités que la bienfaisante nature lui a départies. »

WILLIAM SHAKESPEARE, 1568–1616

337

FRANKLIN
L'ACCUSATEUR MUET
1924

Les intrigues des premiers films d'horreur donnaient une bonne place aux chiens tueurs. Ce ressort dramatique s'appuyait sur l'ancestrale peur de la rage et sur la légende du chien noir spectral qui annonçait leur mort à ceux qui croisaient son chemin. La photo est tirée d'un film muet dirigé par Chester Franklin.

CHESTER FRANKLIN, 1890–1949

AFRIQUE
KOZO
XIXe siècle

Cette sculpture rituelle vient de la province de Cabinda, une enclave de l'Angola située au nord de l'estuaire du Congo. Elle représente un kozo (chien à deux têtes), figurine sacrée porteuse des esprits de la Terre et des Morts.

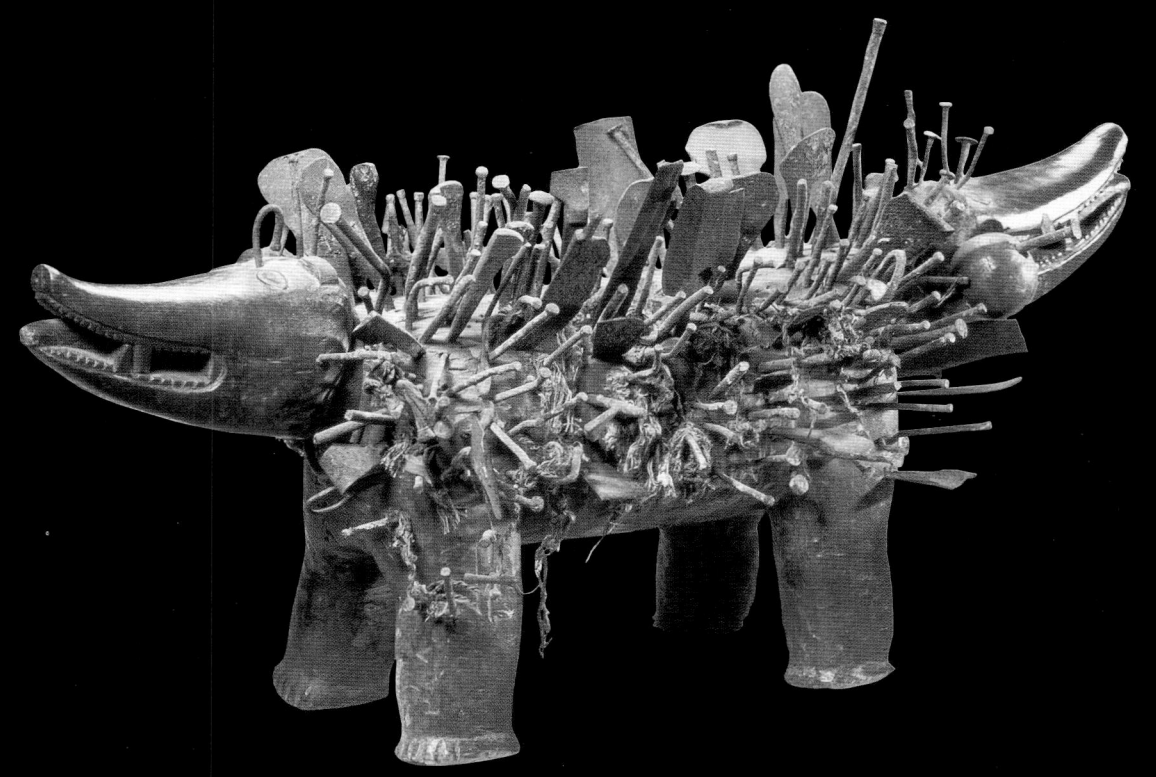

HUANG
L'IMPRÉVU (DÉTAIL)
1998

🐗 Les chiens aident les aveugles depuis le Moyen Âge mais les tentatives de dressage spécifique n'ont débuté qu'au XVIIIe siècle dans un hôpital parisien. Plus récemment, un système international a été mis au point par *L'Œil qui voit*, association créée en Suisse par une Américaine, Mme Harrison Eustis, peu après la Première Guerre mondiale. Le harnais rigide est un accessoire indispensable qui permet à la personne aveugle d'interpréter les mouvements du chien et de lui transmettre ses ordres.

CHUCK HUANG, né en 1970

ANGLETERRE
L'ASSISTANT DU PÈRE NOËL
XXe siècle

🐗 L'aptitude des chiens à porter des objets dans leur gueule a été exploitée tout au long des siècles. Les chasseurs seraient perdus sans leurs chiens de rapport qui retrouvent et rapportent les oiseaux qu'ils ont abattus. Dans cette perspective, on apprend aux animaux à se servir délicatement de leur mâchoire pour ne pas endommager le gibier. Utiliser un chien pour distribuer un cadeau de Noël est plus optimiste et la photo se veut un message de bonheur.

« Il se battait avec les chiens, clignait de l'œil aux chiennes
Ce qui ne s'était jamais entendu.
Les stigmates de la gloutonnerie, je m'en fiche
Hurlait-il en dévorant tout – et davantage.

Il mordait les jarrets tendineux des vieilles
Mutilait les livreurs – quand il les attrapait
Il simulait de furieuses rages, mordait les gosses en bas âge
Suivait les chats dans les arbres et les croquait. »

RUPERT BROOKE, 1887–1915

DIX
LE MARCHAND D'ALLUMETTES
1920

Les chiens ont parfois été, malgré eux, les emblèmes de causes politiques. Cette toile puissante de Dix est centrée sur le sort d'un pauvre infirme, un ancien combattant réduit à vendre des allumettes. Les jambes des passants bien vêtus qui l'ignorent soulignent encore sa misère et son infirmité. Et, comble de la honte, un teckel (le chien allemand type), lève la jambe pour uriner sur lui.

OTTO DIX, 1891–1969

Callis a travaillé comme photographe pro-
fessionnelle et ce tableau rend bien compte de la
minutie et de la limpidité de ses exquis portraits
de chien. Le bouledogue a fini par symboliser
la ténacité, la force et le courage, qualités fort
bien suggérées ici.

Jo Ann Callis, née en 1940

ANGLETERRE
BOULEDOGUE ANGLAIS
XIXᵉ siècle

Personne ne sait vraiment comment le
bouledogue en vint à symboliser le sentiment
national britannique. Faut-il l'expliquer par le
nom anglais le plus répandu dès le début du
XVIIIᵉ siècle, à savoir John Bull? Toujours est-il
que cette association battit son plein à l'époque victorienne, conséquence sans doute
d'une chanson patriotique populaire, «*Sons
of the Sea, All British born*», qui contenait
un vers sur «les *boys* de la race des
bouledogues».

TORREZ

BOULEDOGUE
XXᵉ siècle

🐾 Avec le dogue anglais, le bouledogue est une des plus anciennes races
répertoriées en Angleterre. Il remonte
au moins au début du XIIIᵉ siècle, quand
sont mentionnés les premiers combats
de chiens et de taureaux. Des sociétés
de bouledogues existaient déjà au XVIIIᵉ
siècle, la plus connue étant le Bulldog
Club, fondé en 1894 par un groupe de
«marchands de vin et de gentlemen».

Bob Torrez, XXᵉ siècle

CHAPLIN

CHARLOT BOXEUR
1915

🐾 Chaplin a utilisé des chiens dans
plusieurs de ses films pour souligner
certains traits de caractère de ses rôles.
Dans *Charlot boxeur*, il a choisi un bouledogue mais on se souvient plutôt de
chiens perdus, dévorés par les puces, qui
font écho à son personnage de vagabond.

Charlie Chaplin, 1889–1977

MILLER
LE CHIEN DE TROIE
1987

Ce lugubre tableau de Miller propose une nouvelle vision de la célèbre légende. À la place du cheval de Troie que les Grecs construisirent pour s'introduire dans Troie, l'artiste a peint un chien gigantesque. Sa silhouette massive se profile, menaçante sur le ciel nocturne. À droite, les soldats ont sorti l'échelle. Bientôt, ils descendront du ventre de la bête pour aller massacrer les Troyens.

PATON MILLER, XXᵉ siècle

« Il ne semblait pas se réjouir de sa chance … Il avait le chien noir dans le dos, comme dit la terrifiante métaphore des contes d'enfants. »

ROBERT LOUIS STEVENSON, 1850–1894

MUSANTE
CHIEN NOIR
1987

Les chiens noirs sont de mauvais présage; dans le folklore européen, ce sont des formes spectrales et sataniques qui suivent leurs victimes sur les chemins solitaires, dans les cimetières ou les landes désolées. Leurs hurlements annoncent la mort, qu'ils peuvent d'ailleurs donner eux-mêmes. Le tableau de Musante évoque avec force une de ces bêtes-fantômes dont l'arrière-train se noie dans la brume.

ED MUSANTE, né en 1942

anthropomorphisme

«Il ne lui manque que la parole».

L'ami des chiens le plus pragmatique finira toujours par se laisser aller à une remarque de ce genre, tant le lien qui nous lie aux chiens est étroit. Ceux qui ne les aiment pas peuvent ironiser tant qu'ils veulent, il n'en demeure pas moins que l'anthropomorphisme à l'égard du «plus fidèle ami de l'homme» a toujours existé, et cela dans maintes cultures.

Dans l'Antiquité, de nombreuses divinités étaient représentées sous une forme animale. L'Égypte ancienne, par exemple, a voué un culte très important à Anubis, le dieu à la tête de chacal, qui guidait les âmes dans leur voyage souterrain. Quand les Grecs envahirent l'Égypte, ils mêlèrent cette figure à celle d'Hermès, créant ainsi une nouvelle déité canine, Hermanubis, qui présidait au déroulement des funérailles et au jugement des morts. Anubis

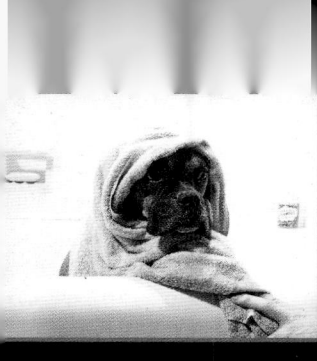

et Hermanubis étaient tous deux représentés avec un corps d'homme et une tête de chien.

Les premiers géographes inventèrent des contes fantaisistes sur d'inquiétantes tribus d'hommes-chiens. Au Ier siècle av. J.C., le géographe grec Strabon, (vers 60 av. J.C.–21 de notre ère) parle d'une race d'Éthiopiens, les Cynamolgis, pourvus de tête de chiens. Marco Polo (1254–1324) mentionne une tribu semblable habitant les îles Andaman dans le golfe du Bengale. Une légende estonienne fait état de cannibales à tête de chien qui vivent aux confins du monde. Les légendes européennes comportent, elles aussi, des hommes à tête de chien, mais clairement donnés pour des allégories. Saint Dominique (vers 1170–1221), saint Bernard de

Menthon (923–1008) et saint Christophe (IIIe siècle après J.C.) étaient tous associés à des chiens. Saint Christophe, en particulier, était souvent représenté par les artistes byzantins avec une tête de chien – sous l'influence, sans doute, des images d'Hermanubis. Cette iconographie désignait saint Christophe comme un guide spirituel aidant les voyageurs à franchir le fleuve de la mort.

En art et littérature, les chiens sont souvent des allégories morales, miroirs des faiblesses et des folies de l'humanité. Dans cette veine, on retiendra surtout les fables d'Ésope (VIe siècle av. J.C.) où chiens, loups et renards occupent une place de choix (*voir p. 59*). Une amusante illustration de ces contes moraux est l'histoire du chien dans l'étable qui empêche jalousement les vaches de manger leur foin, bien que cette nourriture n'ait pour lui aucun attrait.

WILCOX
LASSIE, CHIEN FIDÉLE

COTES
LADY STANHOPE ET LA
COMTESSE D'EFFINGHAM

De même, dans les arts visuels, on voit beaucoup de chiens se livrer à des activités humaines. Les peintres victoriens adoraient les affubler de vêtements d'hommes et les manufactures de porcelaine créèrent des figurines de chiens jouant divers instruments de musique. On dit souvent que les chiens et leurs maîtres finissent par se ressembler : les artistes se sont emparés de cette idée à des fins comiques. Avec le développement du cinéma et des techniques d'animation, les chiens se sont mis à « crever l'écran ». Rin-tin-tin et Lassie ont été les idoles de millions de jeunes spectateurs. Walt Disney créa toute une série de touchants personnages canins, Pluto, Goofy et les 101 Dalmatiens. Plus irrésistibles encore, les créatures sorties de l'imagination de grands auteurs de dessins animés ou de bandes dessinées comme Snoopy, Milou ou Gromit qui rapporta un Oscar à son créateur Nick Park.

ÉTATS-UNIS
GARY COOPER AVEC
UN CHIEN

PRICE
LA JOYEUSE PARISIENNE

CONDÉ

À première vue, l'étrange dessin de Condé semble être une parodie de gravure de vieux maître. Les illustrations de débats entre philosophes étaient très populaires à la Renaissance, mais Condé se moque de leurs prétentions en habillant d'une robe l'un des doctes parleurs et en affublant l'autre d'une tête de chien et d'un éventail.

MIGUEL CONDÉ, né en 1939

ANGLETERRE
BANQUET DE CHIENS
vers 1975

Les fabricants d'aliments pour chiens cherchent toujours à vanter la qualité de leurs produits. Ici, une entreprise a réuni autour d'une table d'apparat des chiens vêtus de leurs plus beaux atours. La majorité des convives semblent polis et patients, mais il y en a toujours un pour oublier les bonnes manières.

ALLEMAGNE
CHIEN DE CIRQUE
vers 1925

Tom Belling a souvent utilisé des chiens habillés dans ses numéros pour le Busch Circus, installé à Berlin dans les années 20. Ici, l'animal incarne un chef d'orchestre excentrique agitant sa baguette démesurément longue.

ALLEMAGNE
CHIEN DE CIRQUE
vers 1925

 Voici un autre chien de Tom Belling pour le Busch Circus de Berlin. Bully le carlin arbore la tenue d'un pompier prêt à sonner l'alarme. Ce genre de photos a sans doute inspiré l'œuvre photographique de William Wegman (né en 1942) qui a pris son chien, Man Ray, dans divers costumes.

ANGLETERRE
CHIEN MOUILLÉ
1955

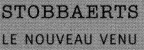 On a longtemps nettoyé les chiens au jet d'eau dans la cour mais désormais, certains chiens ont droit aux soins de beauté les plus sophistiqués. La luxueuse serviette de bain empêchera ce chien de mouiller toute la maison en se secouant.

STOBBAERTS
LE NOUVEAU VENU
XIXᵉ siècle

Peindre des chiens dans des situations humaines fut un genre très populaire au XIXᵉ siècle. La plupart du temps, cette inversion des rôles permettait aux artistes d'exprimer une intention satirique ou une critique sociale. Ici, Stobbaerts s'est contenté de pasticher une scène de genre stéréotypée.

JAN STOBBAERTS, 1838–1914

« Quelqu'un m'a dit que votre illustre ami Goethe haïssait les chiens. Dieu lui pardonne, si c'est vrai. Pour ma part, comme vous le savez, je les aime de tout mon cœur. Ils sont reconnaissants, ils sont courageux, ils sont communicatifs et ils ne jouent jamais aux cartes. »

WALTER SAVAGE LANDOR, 1775–1864

FRANCE
HOMMES-CHIENS DES ÎLES ANDAMAN
1413

À l'époque des grandes découvertes, la croyance en un peuple d'hommes-chiens, vivant aux limites du monde, était très répandue. Les sources occidentales les situent généralement dans les îles Andaman, dans le golfe du Bengale. Leurs mœurs et leurs coutumes sont dépeintes dans le célèbre *Livre des Merveilles* qui fut offert au duc de Berry en 1413. Les hommes-chiens étaient souvent décrits comme de féroces cannibales mais ici, ils ont l'air de paisibles marchands.

362

WALKERS ET LANDERS
LE DÉFI DE RIN-TIN-TIN
1957

🐺 L'intelligent berger allemand fut l'un des héros les plus courageux de l'écran. Le Rin-tin-tin original (1916–1932), un chien de l'armée allemande, fut une vedette très populaire dans une série de films muets américains des années 20. L'idée fut reprise, pour une série télévisée, dans le milieu des années 50. On voit ici Rin-tin-tin avec James Brown, un de ses compagnons humains.

ROBERT WALKER, XXᵉ siècle, et LEW LANDERS, 1901–1962

WILCOX
LASSIE, CHIEN FIDÈLE
1943

🐺 Cette scène avec Roddy McDowall est tirée du premier (et sans doute le meilleur) des films de Lassie, très populaires dans les années 40 et 50. Ils racontent les aventures d'un chien extraordinaire qui réussit à retrouver ses maîtres dont il avait été séparé. La première Lassie était un colley mâle qui répondait en réalité au nom de Pal.

FRED WILCOX, vers 1905–1964

SMIRKE
LES RIVALES
VERS 1827

🐾 Faire des animaux les doubles des hommes est un procédé comique très populaire qui a été utilisé par de nombreux artistes. Dans cette illustration d'une scène d'un roman de Henry Fielding, *Tom Jones* (1749), les chiens font écho à la rivalité de leurs deux vaniteuses maîtresses.

ROBERT SMIRKE, 1752–1845

ALLEMAGNE
MANNEQUINS ET CANICHE
1960

🐾 Malgré lui, le caniche s'est trouvé propulsé dans le monde de la haute couture. Chien de chasse à l'origine, sa robe aux frisures sophistiquées en a fait l'accessoire naturel des femmes élégantes. C'est dans les années 1890, avec la mode des caniches à robe cordée, qu'il connut le sommet de sa gloire.

LANDSEER

LADY ET ÉPAGNEULS
vers 1830

Par ses reproductions et gravures, Thomas Landseer donna une large diffusion à l'œuvre de son jeune frère, plus connu que lui. Edwin n'était pas un fervent portraitiste mais il se montrait plus enthousiaste quand ses commanditaires s'entouraient de chiens. Ce dessin au fusain reprend, apparemment, un des portraits de son amie, Lady FitzHarris.

THOMAS LANDSEER, 1795–1880

(d'après EDWIN LANDSEER)

« Entre tous les chiens, les plus tendres
Sont les épagneuls – sans se méprendre.
Entre les épagneuls adorables,
Les cockers sont les plus aimables.

Toujours gais, toujours frais
Leurs yeux, comme la bière de mai
Ils sont si loyaux et si bons
Qu'ils ne vous en veulent pas du bâton.

Jamais maussades, jamais fatigués,
Ils aiment les champs et la cheminée
Ils ne critiquent jamais leurs amis
Et leurs joies sont infinies. »

E. V. LUCAS, 1868–1938

HANSEN

1993

Beaucoup d'œuvres d'Hansen montrent des chiens et des hommes s'imitant mutuellement, procédé qui dégonfle les prétentions humaines à la supériorité. Les chiens peuvent parfois paraître presque humains mais il est encore plus évident que les hommes se conduisent comme des animaux.

GAYLEN HANSEN, né en 1921

« Pomero est assis, dans un état de contemplation, le museau devant le feu. Il agite les oreilles et sa queue en panache quand vous le saluez … Hier au soir, je l'ai emmené écouter chanter Luisina de Sodre. Il a été profondément ému, et est resté près de la pédale du piano, sur sa robe, à chanter sur des tons très divers – pas toujours en rythme. Il est regrettable qu'il veuille toujours participer quand il y a de la musique, car il chante encore plus mal que moi. »

WALTER SAVAGE LANDOR,
1775–1864

ANGLETERRE
BENJAMIN BRITTEN
XXᵉ siècle

Le compositeur Benjamin Britten (1913–1976) trouvait ses meilleures idées musicales pendant les longues promenades qu'il faisait avec son chien. Il a décrit celui-ci comme le plus petit teckel qui ait jamais existé. Il le nomma Clytie, en hommage à son professeur de musique, Clytie Mundy.

ÉCOLE DE FONTAINEBLEAU
DIANE CHASSERESSE
vers 1550

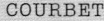 Librement inspiré d'une statue antique, ce tableau est une des représentations les plus connues de la déesse de la chasse dans l'art occidental. Sa stature athlétique et son aspect un peu androgyne sont en harmonie avec son chien de chasse à l'allure énergique. Certains critiques pensent que son visage pourrait être celui de Diane de Poitiers (1499–1566), une célèbre courtisane de l'époque.

COURBET
COMBAT AU CHIEN NOIR
vers 1842–1844

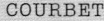 Cet autoportrait date du début de la carrière de Courbet et l'on y voit le chien qu'il vient d'acquérir. Dans une lettre à ses parents, le peintre écrivit: «J'ai maintenant un superbe petit chien anglais, un épagneul pure race que m'a donné un ami et que tout le monde admire.» Avec leurs longues boucles, le chien et le maître forment une jolie paire, partie en expédition dans les collines.

GUSTAVE COURBET, 1819–1877

NASMYTH

PORTRAIT DE JOHN COCKBURN ROSS
XVIIIᵉ siècle

Un aristocrate a pris une pose élégante, le fusil contre la jambe. À ses pieds, un pointer le regarde, impatient de s'adonner à son sport quotidien. Comme dans la plupart des portraits de ce genre, la présence de l'attirail de chasse signale moins la distraction favorite du modèle que son rang et sa fortune.

ALEXANDER NASMYTH, 1758–1840

ÉTATS-UNIS

GARY COOPER ET UN CHIEN
vers 1930

Une photo publicitaire de l'acteur qui se fit un nom par une série de westerns hollywoodiens. Cooper (1901–1961) avait travaillé comme cow-boy et dessinateur d'animation avant de se tourner vers le cinéma, dans le milieu des années 1920. Dans les années 30, son personnage était déjà associé à des rôles de rudes aventuriers, ce qui pourrait expliquer que le studio l'ait fait poser avec un chien de chasse.

COTES

LADY STANHOPE ET LA COMTESSE D'EFFIN-
GHAM
VERS 1768

De nombreux portraits du XVIIIe
siècle comportent un élément théâtral.
Ici, les deux femmes jouent les rôles de
Diane et de l'une de ses nymphes chasse-
resses. La déesse tient une lance et porte
une tiare en forme de croissant de lune,
tandis que sa compagne lâche le chien
pour aller chasser le cerf que l'on voit
au loin. Le thème a peut-être été soufflé
par une troupe d'acteurs amateurs sou-
tenus par Francis Delaval, le frère
de Lady Stanhope.

FRANCIS COTES, 1726–1770

> « Quand mon chien se
> réveille, je sais à son regard
> que j'étais présent
> dans son rêve. »

JAMES GARDNER, 1840–1900

FRANCE
PROMENADE
1921

Les magazines de mode des années 20 étaient entichés des lévriers dont la silhouette fine faisait écho aux lignes profilées de l'époque. Les actrices de Hollywood venaient aux premières avec leurs lévriers et les figurines Art Déco représentant des dames au lévrier eurent un grand succès.

GAINSBOROUGH

LADY JANE WHICHCOTE
XVIIIᵉ siècle

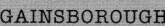 Gainsborouh se fit
connaître comme portrai-
tiste mais il était aussi un
bon animalier. Dans cette
séduisante composition, un
loulou de Poméranie don-
ne la patte à sa maîtresse,
comme s'il lui disait bonjour.

THOMAS GAINSBOROUGH,

1727–1788

« Le ciel et la terre sont
sans pitié ; ils voient
toute chose comme
des chiens de paille. »

LAO TSEU, VERS 604–531 AV. J. C.

DEVIS
MELLE ANDERSON ET SON CHIEN
vers 1780

L'œuvre de Devis a beaucoup
intéressé les historiens car un grand
nombre de ses modèles viennent de
la moyenne bourgeoisie et non de
l'aristocratie. Dans cette scène charmante, la fillette a dénoué le ruban
de son petit terrier et l'utilise comme
une laisse.

ARTHUR DEVIS, 1708–1787

ÉTATS-UNIS
UN HOMME ET UNE FEMME
1925

Les comparaisons comiques entre les chiens et leurs maîtres ayant toujours eu une grande efficacité visuelle, les films muets en usèrent et abusèrent. Ici, on s'amuse des ornements en fourrure de la femme qui rappellent la coiffure du caniche. L'actrice Renée Adorée (Jeanne de la Fonté, 1898–1933) était habituée à travailler avec des animaux car elle avait été écuyère dans un cirque.

PRICE
LA JOYEUSE PARISIENNE
XXe siècle

Ici, il n'y a pas d'intention humoristique. Le chien a plutôt la fonction d'un accessoire de mode : la couleur de son ruban est assortie à la robe et à l'ombrelle de la jeune fille, et son poil bien serré fait écho aux nuances sombres de son chapeau et de ses chaussures. La patiente créature arbore un élégant collier.

JULIUS PRICE, 1857–1924

ANGLETERRE
LE DUC ET LA DUCHESSE DE WINDSOR
vers 1960

Au moment de la crise de l'abdication en 1936, Edward et Mme Simpson avaient beaucoup de Cairn-Terriers dont ils parlaient souvent dans leur correspondance. Mais, plus tard, on les vit davantage avec des carlins aux noms amusants, comme Disraeli, Imp, Trooper ou Davy Crockett.

BOMBOIS
PORTRAIT D'UN BOULEDOGUE
XXᵉ siècle

Le peintre trouvait que son modèle ressemblait étonnamment à Winston Churchill et il l'offrit à sa famille en 1944. Churchill accrocha le tableau dans son bureau de Chartwell. On a beaucoup parlé, pendant la guerre, de son « courage de bouledogue » qui lui permit de redonner espoir à son pays dans les heures les plus sombres. Mais, en fait, son chien favori était le caniche.

CAMILLE BOMBOIS, 1883–1970

index des artistes

Bissell, Robert
né en 1952
Peintre et photographe d'origine anglaise, il vit maintenant dans l'Oregon. Dans son imagerie fantaisiste et onirique, les animaux mettent en scène le monde des hommes.
PAGES 288–289

Bogdany, Jakob
1660–1724
Peintre hongrois, il travailla surtout en Angleterre et aux Pays-Bas. Il s'intéressa d'abord aux fleurs puis, après avoir visité la volière de l'amiral George Churchill, aux oiseaux. Il peignit des oiseaux exotiques dans des paysages parsemés de monuments classiques.
PAGE 179

Bombois, Camille
1883–1970
Peintre français naïf, Bombois fit, dans sa jeunesse, de nombreux métiers : matelot, manœuvre, docker et lutteur de cirque. Il remporta une médaille militaire pour ses faits d'armes pendant la Première Guerre mondiale. Il peignit des paysages, des nus, des portraits, mais il est surtout connu pour ses scènes de cirque.
PAGES 382–383

Boner, Ulrich
1300–1349
Prêtre dominicain, son nom fut latinisé en Bonerius. On sait qu'il séjourna à Berne entre 1324 et 1349 où il traduisit un recueil de fables, *Der Edelstein*, pour son mécène, Johann von Ringgenberg. Il existe de nombreux manuscrits, les premiers livres illustrés, de ces fables très populaires (1461).
PAGES 161, 176–177

Bonfigli, Benedetto
1420–1496
Peintre italien, un des premiers artistes de Pérouse à utiliser les découvertes de la Renaissance. Son style est marqué par l'influence de Domenico Veneziano (mort en 1461).
PAGE 195

**Bonifazio Veronese
(Bonifazio de' Pitati)**
1487–1553
Peintre italien, fils d'un armurier. Né à Vérone (d'où son nom), il exécuta toutes ses œuvres répertoriées à Venise où il poursuivit la tradition de Palma Vecchio (vers 1480–1528).
PAGES 294–295

**Bosch, Jérôme
(Hieronymus Van Aken)**
vers 1450–1516
Un des plus grands maîtres de la peinture primitive flamande. Son nom dérive de celui de sa ville natale ('s Hertogenbosch). Membre de la confrérie Notre-Dame, sa grande piété s'exprime dans ses extraordinaires peintures de personnages assaillis par des créatures bizarres et des démons. *Le Jardin des délices* (vers 1505–1510) est une de ses œuvres les plus célèbres. Bosch eut une influence majeure sur Pieter Bruegel (vers 1520–1569) et les Surréalistes le considérèrent comme leur maître.
PAGE 218

Boucher, François
1703–1770
Peintre et dessinateur français, il fut le maître de la peinture galante et rococo. Élève de François Lemoyne (1688–1737), il subit aussi l'influence d'Antoine Watteau (1684–1721). Il devint le peintre favori de Madame de Pompadour (1721–1764). Il a aussi créé des décors de porcelaines et des cartons de tapisseries ; il prit la direction de la manufacture des Gobelins en 1755. Ses nymphes et déesses nues sont d'un érotisme raffiné.
PAGES 22–23, 48–49

Bourhill, James
XIXe siècle
PAGE 306

Brown, Theophilus
né en 1919
Diplômé de l'université de Yale et de l'université de Californie à Berkeley, Brown vit à San Francisco et son œuvre reflète la lumière caractéristique de Californie. Il expose souvent en Angleterre et aux États-Unis et ses toiles font partie des collections permanentes de divers musées américains.
PAGES 86–87

Bruegel, Pieter
vers 1520–1569
Peintre flamand, influencé par Jérôme Bosch (vers 1450–1516), il fit le voyage en Italie. Maître de la peinture de genre, il produisit de nombreuses scènes paysannes et des illustrations de proverbes. Son œuvre fut très estimée par Paul Rubens (1577–1640) et nombre de ses toiles figuraient dans les collections royales.
PAGE 10

Brunais Agostino
actif 1763–1780
Graveur et peintre, il fit surtout des paysages et des portraits. Il exposa à Londres entre 1763 et 1779 à la Free Society, la Society of Artists et à la Royal Academy.
PAGE 223

Burne-Jones, Edward
1833–1898
Peintre et dessinateur anglais, il s'intéressa aussi aux arts décoratifs. Il fut l'un des chefs de file du mouvement préraphaélite. Étudiant à Oxford, il rencontra William Morris (1834–1896) et tous deux travaillèrent

dans la firme Morris & Co, puis lancèrent le mouvement des Arts & Crafts. De Burne-Jones, on retient surtout ses figures allongées, langoureuses et italianisantes qui incarnent parfaitement l'esthétisme annonciateur de l'Art Nouveau. Il exerça aussi une grande influence sur les Symbolistes français.
PAGES 92, 262–263, 315

Busby, Thomas
actif 1804–1837
Graveur et miniaturiste anglais, il exposa entre 1804 et 1837 à la Royal Academy.
PAGES 119, 152–153

Callis, Jo Ann
née en 1940
Artiste américaine, elle travaille essentiellement comme photographe. On peut voir ses œuvres dans les musées des États-Unis, du Japon, d'Australie, de Suisse et de France.
PAGES 68–69, 345

Candid, Peter
vers 1548–1628
Peintre et dessinateur flamand, créateur de cartons de tapisseries, Candid a partagé sa vie entre l'Italie et l'Allemagne, adoptant le style maniériste. En 1586, il fut appelé à Munich par le duc Guillaume V de Bavière et il y resta quarante ans comme peintre de cour.
PAGES 269–271

Cardon, Claude
actif 1892–1915
Peintre de genre et de paysages, il exposa à la Royal Academy en 1892/93.
PAGE 59

Carpaccio, Vittore
vers 1450/60–1525/26
Peintre de la Renaissance vénitienne, surtout connu pour son cycle sur la *Légende de sainte Ursule*. Ses scènes pleines de personnages colorés révèlent mille détails de la vie quotidienne de l'époque.
PAGES 322–323

Carrion, Maravillas
née en 1968
Artiste espagnole, née à Valence. Après des études dans sa ville natale, elle compléta sa formation au Art Center College of Design aux États-Unis. Aujourd'hui, elle se partage entre la Californie et l'Espagne.
PAGES 60, 86, 285

Chadwick, Gregg
né en 1959
Artiste américain, il vit à San Francisco. Ses peintures reflètent les voyages qu'il a fait dans le monde entier. Il a exposé en Italie, au Japon et aux États-Unis.
PAGE 81

Chaplin, Charles
1889–1977
Acteur et réalisateur d'origine anglaise, Chaplin entra très jeune dans la troupe de Fred Karno (1866–1941). En 1913, il commença à travailler pour Mack Sennett (1880–1960), aux studios Keystone. Dès 1914, il réalisa ses premiers films et son personnage de vagabond comique lui valut une renommée internationale. Parmi ses films les plus célèbres, on peut citer *Le Gosse* (1921), *La Ruée vers l'Or* (1924) et *Les Lumières de la Ville* (1931). Il fut expulsé des États-Unis en 1952 pour ses opinions politiques et s'établit en Suisse. Il reçut un oscar en 1971 pour l'ensemble de son œuvre.
PAGES 227, 346

Chapman, John Watkins
actif 1853–1903
Peintre de genre et graveur britannique. Entre 1853 et 1890 il présenta de nombreuses toiles à la Royal Academy, à la British Institution et à la New Water-Colour Society.
PAGE 201

Chapman, Michael
né en 1957
Américain, il vit en Californie. Les toiles de Chapman évoquent avec charme et nostalgie les paysages sereins de sa région natale, sur la côte Pacifique.
PAGES 108–109

Charlton, John
1849–1917
Anglais, né à Northumberland, il peignit des scènes de batailles et des animaux. À partir de 1870, il exposa régulièrement à la Royal Academy.
PAGES 292–293

Christensen, Wes
né en 1949
Peintre et aquarelliste américain, défenseur de l'art figuratif. Ses petits formats sont pleins de références à l'histoire de l'art et à la mythologie.
PAGES 256, 265

Clairin, Georges
1843–1919
Peintre français, il suivit les cours de l'École des Beaux-Arts à Paris. Clarin fut un des derniers Orientalistes, et ses toiles furent présentées au Salon dès 1866. Dans les années 1870, il participa aux ouvrages décoratifs de l'Opéra de Paris.
PAGE 272

Condé, Miguel
né en 1939
Peintre américain, naturalisé espagnol. Quoique inspirée d'un répertoire de thèmes traditionnels, son œuvre joue d'éléments surréels.
PAGES 131, 357

Cooper, Abraham
1787–1868
Peintre de chasse anglais. Cooper commença à travailler comme écuyer au Astley's Circus, avant de se tourner vers la peinture. Il fut l'élève de Ben Marshall (1768–1835) et développa un style très similaire. Il exposa fréquemment à la Royal Academy et en devint membre en 1820. Il s'employa à organiser un secours financier pour son ami, le poète et artiste William Blake (1757–1827).
PAGE 128

Corrège (Antonio Allegri, le)
vers 1489–1534
Peintre italien, son nom dérive de son lieu de naissance. On sait peu de choses sur sa vie mais Andrea Mantegna (1431–1506) l'aida sans doute à se faire connaître. Il exécuta ses plus grandes œuvres à Parme. Ses scènes mythologiques pleines de sensualité lui valurent la célébrité.
PAGE 313

Coster, Jan
XVIIe siècle
Peintre flamand d'Arnhem.
PAGES 30–31

Cotes, Francis
1726–1770
Peintre anglais, un des membres fondateurs de la Royal Academy. Jusqu'en 1763, il fit surtout des pastels puis se tourna vers la peinture à l'huile et, à partir de 1760, il participa activement à la vie artistique en Angleterre.
PAGES 354, 376

Courbet, Gustave
1819–1877
Grand peintre français, défenseur du réalisme, il se fit connaître par ses tableaux monumentaux sur la vie paysanne, lesquels coïncidaient avec la révolution de 1848. Socialiste radical, il participa activement au bref épisode historique de la Commune. Il fut ensuite incarcéré pour avoir participé à la destruction de la colonne Vendôme et plusieurs de ses œuvres furent confisquées. Il mourut exilé en Suisse. Toute sa vie, Courbet fut un passionné de chasse et il a souvent inclus des chiens dans ses toiles.
PAGES 186–187, 372–373

Crane, Walter
1845–1915
Peintre et illustrateur anglais, surtout connu pour ses illustrations de livres d'enfants. Il participa au mouvement des Arts & Crafts et influença les initiateurs de l'Art Nouveau. Il fit des illustrations pour la Kelmscott Press de William Morris mais aussi des motifs de papiers peints, de tissus et de vitraux. Excellent pédagogue, il occupa divers postes d'enseignement. Il

fut directeur du Royal College of Art en 1898.
PAGES 117, 144

David, Gérard
vers 1460–1523
Primitif flamand, il travailla surtout à Bruges où il s'installa en 1484, succédant à Memling comme premier peintre de la ville. Son œuvre consiste surtout en tableaux religieux très soignés mais d'esprit assez conservateur. Son œuvre la plus connue est la *Justice de Cambyse* (1498).
PAGES 334–335

Davis, Arthur Alfred
actif 1877–1891
Peintre de genre anglais, il exposa, entre autres, à la galerie Suffolk Street de 1877 à 1884.
PAGE 27

Desportes, Alexandre-François
1661–1743
Peintre français et créateur de cartons de tapisserie, il fit des portraits, des natures mortes et des peintures animalières. Il fut employé comme portraitiste à la cour de Jan Sobieski en Pologne en 1695/96. À son retour en France, il fit de nombreuses scènes de chasse, travaillant pour Louis XIV et Louis XV. Il doit beaucoup à la tradition flamande, à la manière de Frans Snyders (1579–1657).
PAGE 47

Devis, Arthur
1708–1787
Portraitiste anglais, spécialisé dans les *conversation pieces* (portraits de groupes dans des décors raffinés). Ses personnages aux allures de poupées ont un charme certain. C'est à Preston, son lieu de naissance, que se trouvent la plupart de ses tableaux.
PAGE 379

Dix, Otto
1891–1969
Peintre et graveur allemand, il fut l'un des représentants de la *Neue Sachlichkeit* («Nouvelle objectivité»). Après s'être battu dans les tranchées de la Première Guerre mondiale, il exprima ses violents sentiments contre la guerre dans des œuvres comme *Le Marchand d'allumettes* (1920) et dans une série de dessins, *La Guerre* (1924). Il enseigna à l'Académie de Dresde dans les années 20, mais les Nazis l'emprisonnèrent brièvement en 1939 pour ses positions politiques. Il servit dans la milice pendant la Seconde Guerre mondiale et se retrouva prisonnier des Français.
PAGES 305, 342–343

Dominiquin (Domenico Zampieri, le)
1581–1641
Peintre bolognais, il fut l'élève de Ludovico Carracci (1555–1619) et travailla pour le cousin de Carracci, Annibale, au palais Farnèse. En 1615,

il était considéré comme le plus grand peintre à Rome, pour ses grandes fresques, mais le Dominiquin était aussi réputé pour ses paysages. Il est caractéristique du style classique bolognais.
PAGES 26–27

Doré, Gustave
1832–1883
Dessinateur et graveur français, il atteignit la célébrité après avoir illustré *L'Enfer* de Dante (1861) et *Don Quichotte* (1862). Il privilégiait les sujets grotesques, dans le goût romantique, mais travailla aussi dans une veine réaliste. Vincent van Gogh (1853–1890) admirait beaucoup ses dessins des quartiers pauvres de Londres. Plus tard, il s'essaya à la peinture et à la sculpture mais ne connut dans ces domaines qu'un succès limité.
PAGES 146–147

Douglas, Edwin J.
1848–1914
PAGE 20

Dubin, Jorg R.
né en 1955
Peintre américain, formé au Art Institute de Californie du Sud. Ses tableaux ont été présentés dans des musées et des universités de Californie. Il vit et travaille à Laguna Beach.
PAGES 260–261

Dürer, Albrecht
1471–1528
Célèbre peintre et graveur, il fut le plus grand artiste de la Renaissance en Allemagne. Fils d'un orfèvre, il fut l'élève de Michael Wolgemut (1434–1519). Il commença par faire des bois d'illustrations avant d'établir son propre atelier à Nuremberg. Ses voyages en Italie lui permirent de s'approprier les découvertes de la Renaissance. Dürer excellait dans tous les domaines ; il fit d'immenses retables, des portraits, des allégories complexes et de délicieuses aquarelles sur des sujets d'histoire naturelle.
PAGE 323

Earle, Augustus
1793–1838
Peintre anglais, Earle exposa à la Royal Academy entre 1806 et 1815, avant d'embarquer pour l'Amérique du Nord (1818–1820) et du Sud (1820–1824). En février 1824, un naufrage l'échoua à Tristan da Cunha, une île de l'Atlantique. Il y resta huit mois avant qu'un navire ne l'amène en Australie. Il revint en Angleterre en 1829 et se joignit à l'expédition de Charles Darwin sur le *Beagle*, trois ans plus tard, mais sa mauvaise santé l'obligea à se retirer.
PAGES 298–299

Emms, John
1843–1912
Emms fut un prolifique peintre animalier, spécialisé dans les chiens courants et les fox-terriers. On l'admirait dans les plus hautes sphères. Il eut presque trois cents toiles exposées à la Royal Academy. Il payait ses notes de restaurants avec des tableaux mais certains ont été récemment vendus aux enchères pour 100 000 £.
PAGES 20–21, 50–51, 162, 178–179, 204–205

Ferneley, John E.
1782–1860
Peintre de chasse anglais, fils d'un charron. Jeune, Ferneley s'exerçait à peindre sur les portes des attelages qu'on faisait réparer. Ses sujets favoris étaient les chasses à courre au renard. Il peignait sur des longs bois rectangulaires qu'il coupait lui-même. Ses talents d'animalier sont incontestés.
PAGE 235

Flameng, François
1856–1923
Peintre et illustrateur français, élève d'Alexandre Cabanel (1823–1889). Il commença à exposer au Salon à partir de 1873. On le connaissait surtout pour ses portraits et ses illustrations de livres, dont celles de l'édition de 1866 des œuvres de Victor Hugo.
PAGES 94–95

Fortescue, William B.
1855–1924
Peintre anglais, Fortescue a toujours aimé travaillé en Cornouailles, dans la région de St. Ives. Il se fit un nom par ses marines et ses paysages côtiers, qui rendent bien l'atmosphère de la région.
PAGE 241

Foujita, Tsugouharu (Léonard)
1886–1968
Artiste né au Japon, il travailla beaucoup en France. Après avoir obtenu son diplôme de l'Académie de Tokyo, il vint en France et s'associa à l'école de Paris. Il développa un style très singulier, mêlant des traits orientaux et occidentaux. Il vécut au Japon entre 1933 et 1950, mais finit par s'installer définitivement à Paris et par prendre la nationalité française en 1955. Ses dessins et peintures de chats sont très estimés.
PAGES 168–169

Fragonard, Jean-Honoré
1732–1806
Un des grand maîtres de la peinture rococo française. Fragonard fut l'élève de Jean-Baptise Chardin (1699–1779) et de François Boucher (1703–1770) avant de compléter sa formation en Italie. Il peignit des paysages, de vibrantes scènes de genre, mais ce furent ses scènes galantes et libertines qui firent les délices de la cour.

Sa principale commanditaire fut Madame du Barry (1741–1793), et il en vint ainsi à symboliser les aspects les plus frivoles de l'Ancien Régime.
PAGE 187

Franklin, Chester
1890–1949
Réalisateur américain du cinéma muet, il collabora aux comédies de son frère Sidney (1893–1972), plus connu que lui. Leur association s'acheva quand Chester fut mobilisé en 1918.
PAGE 338

Frémin, René
1672–1744
Sculpteur français, élève de François Girardon (1628–1715) et d'Antoine Coysevox (1640–1720). Il fut employé par les Bâtiments du Roi pour le palais de Versailles. Philippe V d'Espagne lui demanda de faire la statuaire des jardins de La Granja.
PAGE 23

Gaddi, Agnolo
vers 1333–1396
Peintre florentin, fils du célèbre Taddeo Gaddi (vers 1300–1366), son œuvre est très marquée par l'influence de Giotto. Ses fresques les plus connues se trouvent à Santa Croce de Florence et dans le dôme du Prato.
PAGES 330–331

Gainsborough, Thomas
1727–1788
Portraitiste anglais, un des membres fondateurs de la Royal Academy. Il est né dans le Suffolk mais se fit connaître à Londres et à Bath. Toute sa carrière fut marquée par la rivalité avec Joshua Reynolds (1723–1792), l'autre grand portraitiste de l'époque. Si ce dernier reçut plus d'honneurs officiels, Gainsborough est aujourd'hui le plus admiré. Outre ses portraits, il fit de remarquables paysages et scènes pastorales.
PAGE 378

Gauermann, Friedrich
1807–1862
Membre d'une famille de peintres autrichiens, il apprit le métier avec son père graveur, Jakob (1773–1843). Les paysages de Gauermann sont caractéristiques de l'époque Biedermeier.
PAGES 150–151

Gauguin, Paul
1848–1903
Peintre, sculpteur et graveur français, chef de file du symbolisme et du post-impressionnisme. Il travailla chez un agent de change avant de se consacrer à la peinture. Il exposa avec les Impressionnistes mais, lassé du milieu parisien trop sophistiqué, il décida d'aller vivre à Pont-Aven en Bretagne puis dans la colonie française de Tahiti. Sa conception de la cou-

leur et son répertoire formel stylisé en font un des pères fondateurs de l'art moderne.
PAGE 67

Gérard, Théodore
1829–1895
Peintre belge. La majeure partie de la carrière de Gérard se déroula dans sa ville natale de Gand. Il suivit le goût de son époque pour les scènes de vie paysanne qu'il exécutait dans une veine assez sentimentale.
PAGES 240–241

Giotto di Bondone
vers 1267–1337
Peintre florentin considéré comme une des plus importantes figures de la Renaissance. Il rompit avec les stylisations de l'art byzantin, et apporta une note de naturalisme dans la peinture. Giotto est surtout connu pour son cycle de fresques de la chapelle Arena à Padoue (vers 1305/06). Il fit aussi une série de fresques sur la vie de saint François d'Assise lesquelles comportent, bien sûr, de nombreux animaux.
PAGES 250, 302, 328–329

Giovannetti, Matteo
vers 1300–1368/69
Peintre italien de Viterbe, il mourut à Rome. Son œuvre majeure est le travail décoratif qu'il entreprit au palais des Papes à Avignon. Il dirigea

l'ensemble et exécuta certaines peintures.
PAGE 36

Graeme, Colin
1858–1910
Peintre anglais, spécialiste de scènes de chasse, de chiens et de chevaux. Son père R.H. Roe (1793–1880) était peintre également. Quand ils exposaient ensemble, Graeme omettait son patronyme pour se distinguer de lui.
PAGES 13, 31

Grau, Gustave-Adolph
1873–1919
Peintre de genre français, il fut l'élève de Léon Bonnat (1833–1922) et reçut la Légion d'honneur en 1908.
PAGE 97

Grimm, Jacob
1785–1863
Écrivain allemand. Après des études de droit à l'université de Marbourg, il entra dans l'administration à Kassel. En 1808, il fut nommé bibliothécaire de Jérôme, roi de Westphalie. Avec son frère, il écrivit deux livres célèbres, *Contes d'enfants et du foyer* (1812–1814) et *Légendes allemandes* (1816–1818). Jacob écrivit aussi une *Mythologie allemande* en 1835, étude innovante sur le folklore allemand. Les deux frères furent professeurs à l'université de Göttingen jusqu'à ce qu'Ernst August, roi de Hanovre,

les congédie (1771–1851) à cause de leurs positions politiques.
PAGE 155

Grimm, Wilhelm
1786–1859
Écrivain allemand, frère cadet de Jacob. Leurs carrières sont remarquablement similaires. Tous deux firent leurs études à Marbourg, travaillèrent à Kassel et entrèrent comme professeurs à l'université de Göttingen. Avec les «sept de Göttingen», ils furent limogés pour avoir protesté contre la politique réactionnaire du roi. Jacob était plus érudit mais Wilhelm, doué d'un plus grand sens poétique, joua un rôle plus important dans l'écriture des contes.
PAGE 155

Gysels, Pieter
vers 1621–1690
Peintre flamand, il est enregistré comme maître à la Guilde de St-Luc d'Anvers en 1649/50. Il fit surtout des paysages et des scènes de foires.
PAGE 149

Hacker, Arthur
1858–1919
Peintre anglais, il fut l'élève de Léon Bonnat (1833–1922). Sous son influence, Hacker développa un style naturaliste et une préférence pour les scènes paysannes.
PAGE 220

Hager, Thomas
né en 1965
Peintre américain, il étudia la photographie à l'université de Floride du Nord, à Jacksonville. Il vit et expose en Floride.
PAGE 112

Hahn, Moira
née en 1956
Artiste américaine vivant à Los Angeles. Ses aquarelles expriment sa veine satirique et son intérêt pour les problèmes d'environnement.
PAGES 258–259

Hancock, Charles
1802–1877
Peintre anglais, il travailla d'abord à Tattersalls, ce qui lui permit de participer à de nombreux événements sportifs et éveilla son intérêt pour les études animales. Il peignit de nombreuses scènes de chasse – des petits formats, en général – et exposa à la Royal Academy entre 1819 et 1847.
PAGES 124–125

Hansen, Gaylen
né en 1921
Peintre américain vivant sur la côte pacifique. Il peint, dans un style naïf, des paysages d'une grande diversité et des animaux qui expriment sa vision des folies humaines.
PAGES 3, 5, 45, 62, 66–67, 79, 120–121, 147, 164–165, 177, 350, 370

Hardy, Bert
1913–1995
Photographe anglais. Ses premières photos sont parues dans The Bicycle (1930); à partir de 1941 et jusqu'en 1957, il travailla pour le Picture Post. En 1950, sa couverture de la guerre de Corée avec James Cameron (1910–1985) suscita de nombreuses polémiques qui mirent le magazine en difficulté. Hardy finit par devenir fermier.
PAGES 163, 202–203

Harvey, George
1806–1876
Peintre écossais, né à St Ninian's, près de Stirling. Après ses études à Édimbourg, il se mit à peindre des paysages et des scènes tirées de l'histoire écossaise. Il fut nommé président de la Royal Scottish Academy en 1864 et reçut un titre de chevalier trois ans plus tard.
PAGES 232–233

Henwood, Thomas
XIXe siècle
PAGES 34–35

Herberg, Mayde Meiers
née en 1946
Artiste américaine, elle fit ses études à San Diego et à Claremont en Californie. Elle commença par travailler l'argile et les tissus avant de se tourner vers les pastels. Herberg est pro-

fesseur d'art et dirige la galerie d'art du Santa Ana College en Californie.
PAGES 82, 316–317

Herring, John Frederick Senior
1795–1865
Le plus célèbre d'une famille de peintres de scènes de chasse. Son père fabriquait des accessoires d'attelages et John reçut ses premiers cours de dessin d'un cocher (métier qu'il exerça d'ailleurs un temps); il peignit des enseignes d'auberge et des portes de voitures. Quand il décida de devenir peintre professionnel, il partit pour Londres et travailla dans l'atelier d'Abraham Cooper (1787–1868). Ses œuvres très populaires furent reproduites et vendues sous forme de gravures. Les trois fils de Herring embrassèrent aussi la carrière de peintre.
PAGES 131–133, 248–249

Hewitt, Charles
XXe siècle
PAGES 256, 281

Hockney, David
né en 1937
Peintre et graveur anglais, il est sans doute le plus connu des artistes contemporains en Angleterre. Ses premières toiles comptaient beaucoup de nus masculins mais il s'est tourné vers les paysages, les animaux, les portraits d'amis et de parents.
PAGE 2

Hogin, Laurie

née en 1964

Peintre américaine, formée à l'université Cornell et à l'Art Institute de Chicago. Elle partage son temps entre l'enseignement et la peinture. Ses œuvres ont été achetées par des collectionneurs privés et divers musées aux États-Unis.

PAGE 336

Holdsworth, Anthony

né en 1945

Peintre américain d'origine anglaise, il a étudié en Angleterre et à San Francisco. Il travaille en Californie, suivant la tradition des artistes de rues. Il est aussi enseignant et organise des circuits artistiques en Amérique centrale et du Sud.

PAGE 4

Hondt, Lambert de

mort vers 1665

Peintre flamand, frère de Jan de Hondt l'Ancien. Il fut l'élève de David Teniers (1582–1649).

PAGES 303, 332

Horlor, George W.

actif 1849–1891

Peintre anglais, surtout connu pour son talent d'animalier et de paysagiste. Il choisissait plutôt les chiens de compagnie que les chiens de chasse.

PAGES 196–197

Huang, Chuck

né en 1970

Huang est né à Taipei, Taiwan. Il a suivi les cours de l'Art Institute de Californie du Sud et ceux de l'Académie d'art de Pennsylvanie. Il peint essentiellement des scènes monumentales de la vie quotidienne.

PAGE 340

Hunt, William Holman

1827–1910

Peintre anglais, un des fondateurs de la confrérie préraphaélite. Ses toiles précises, très colorées, sont souvent porteuses d'un message moral. Il fit plusieurs voyages au Moyen-Orient pour donner à ses scènes bibliques une atmosphère plus authentique. Son œuvre la plus célèbre est *Le Bouc émissaire* (1854/55).

PAGES 228–229

Hush, Gary

XXe siècle

PAGE 120

Hutton, Kurt

XXe siècle

PAGES 160, 185

Jacopo di Pietro

XVIe siècle

PAGE 236

James, Christopher

né en 1947

Photographe et peintre, descendant du romancier Henry James (1843–1916). Ses œuvres ont souvent été publiées dans *Aperture* et l'*American Photographer*.

PAGE 88

Joy, Thomas Musgrave

1812–1866

Peintre anglais surtout connu comme portraitiste. Joy exposa régulièrement à la Royal Academy et eut des acheteurs de haut rang, telle la reine Victoria (1819–1901).

PAGE 98

Kessel, Jan van, l'Ancien

1626–1679

Originaire d'une famille de peintres flamands, Van Kessel était inscrit à la Guilde de St-Luc d'Anvers en tant que peintre de fleurs, mais il fit aussi des animaux, des oiseaux et des insectes. Ses tableaux soigneusement composés, aux détails minutieux, s'inspiraient des illustrations de textes scientifiques de l'époque.

PAGES 325–327

Kilburne, George Goodwin

1839–1924

Anglais, peintre de genre, aquarelliste et graveur, il fit beaucoup de scènes de chasse. Élève des frères Dalziel, graveurs sur bois, il devint membre

du Royal Institute des aquarellistes, exposa à la Royal Academy et surtout, à partir de 1862, à la New Water-Colour Society.

PAGES 36–37

Klimt, Gustav

1862–1918

Peintre et dessinateur autrichien, premier président de la Sécession viennoise. Conformément à sa formation académique, Klimt commença par faire de grandioses projets décoratifs mais il fut bientôt attiré par les idées de l'avant-garde impressionniste et symboliste. Il quitta l'Association des artistes viennois et collabora à la création de la Sécession en 1897. Son œuvre est emplie de femmes fatales, sensuelles et inquiétantes.

PAGES 128–129

Koscianski, Leonard

né en 1952

Peintre américain, aujourd'hui installé à Annapolis, Maryland. Ses toiles ont été exposées aux États-Unis et en Europe. Certaines se trouvent au Metropolitan Museum of Art de New York et au Chicago Art Institute.

PAGES 114, 116, 135

Landers, Lew (Louis Friedlander)

1901–1962

Réalisateur américain, il commença par faire des bandes annonce. Parmi ses films connus, *Le Corbeau* (1935),

J'ai vécu deux fois (1952, en relief) et *Flèches de feu* (1953).
PAGE 364

Lanfield, Sidney
1900–1972
Réalisateur américain. D'abord musicien, Lanfield se tourna vers le cinéma en 1932. Dans sa version du *Chien des Baskerville*, Basil Rathbone et Nigel Bruce interprétaient le célèbre duo Holmes-Watson.
PAGES 118, 136–137

Landseer, Edwin
1802–1873
Peintre et sculpteur, un des plus célèbres animaliers anglais. Landseer fut un enfant prodige, exposant des tableaux remarquables dès son adolescence. Il devint un des peintres préférés de la reine Victoria et reçut le titre de chevalier en 1850. Ses toiles ont généralement un caractère sentimental qui n'est plus au goût du jour, pourtant, il sut dépeindre aussi la cruauté inhérente à la chasse. Son célèbre *Monarque de Glen* (1850) fut longtemps utilisé comme image publicitaire pour une fameuse marque de whisky. Quant à ses sculptures les plus connues, ce sont les lions de Trafalgar Square à Londres.
PAGES 27–29, 46–47, 63, 73, 103, 138–139, 182

Landseer, Thomas
1795–1880
Graveur anglais, frère d'Edwin Landseer, il contribua à la large diffusion de son œuvre par ses dessins et gravures.
PAGES 368–369

Largillière, Nicolas de
1656–1746
Grand portraitiste français, il travailla d'abord à Anvers et à Londres où il fut l'assistant de Peter Lely (1618–1680). Une fois rentré à Paris, il devint le peintre favori de la grande bourgeoisie. Il fut nommé à la tête de l'Académie en 1743, à l'âge de quatre-vingt-sept ans.
PAGES 8, 297

Lecomte du Noüy, Jean-Jules-Antoine
1842–1929
Peintre français, il travailla dans l'atelier de Charles Gleyre (1806–1874) en 1861. Il fit des tableaux historiques, des portraits et des œuvres pour l'église de la Trinité à Paris et diverses églises en Romagne. Il fut décoré de la Légion d'honneur en 1876.
PAGES 214–215

Lester, Adrienne
XIXe siècle
PAGES 160, 167

Lewis, Charles
1830–1892
Peintre de genre anglais, il fut un talentueux coloriste. Il exposa à la Royal Academy en 1853, puis devint membre du Royal Institute en 1882.
PAGES 268–269

Lewis, John Frederick
1805–1876
Peintre, dessinateur et graveur anglais. Élève de Thomas Lawrence (1769–1830), il se fit un nom comme peintre animalier et George IV (1762–1830) lui commanda de tableaux de scènes de chasse. À partir de 1830, il entreprit de grands voyages, et visita l'Égypte, ce qui l'incita à développer des thèmes arabisants.
PAGE 127

Lewis, Judith
active 1775–1776
PAGES 32–33

Liédet, Loyset
actif 1460–1478
Miniaturiste flamand de Bruges, il travailla à de nombreux manuscrits enluminés. Ses enluminures pour *Les chroniques de Froissart* sont restées célèbres.
PAGE 104

Lilio, Andrea (Andrea da Ancona nella Marca)
1555–1610
Peintre et graveur italien, il fut le protégé du pape Sixte V (1521–1590) et décora la bibliothèque du Vatican et l'église St.-Jean de Latran. Nombre de scènes mythologiques lui sont attribuées.
PAGES 324–325

Lloyd, Harold
1893–1971
Un des plus grands acteurs comiques du cinéma muet. Lloyd apparaît dans une centaines de courtes comédies, incarnant généralement un collégien timide aux lunettes cerclées d'écaille. Ses films se distinguaient par d'audacieux numéros acrobatiques, par exemple la poursuite sur les gratte-ciel de *Monte là-dessus* (1923). La carrière de Lloyd déclina avec l'arrivée du parlant mais il finit sa vie dans l'opulence.
PAGES 226–227

López, Richard
né en 1943
Peintre américain hispanique, attaché aux représentations de sa culture natale et de la nature. Il s'impliqua avec force dans le soutien de la cause hispanique, avec des professeurs et d'autres artistes.
PAGES 282–283, 294

Lynde, Raymond
XIXe siècle
PAGES 170–171

Malbon, William
1805–1877
Peintre de genre anglais, né à Nottingham.
PAGE 274

Marc, Franz
1880–1916
Peintre et sculpteur allemand, un des fondateurs du groupe *Die Blaue Reiter* («Cavalier bleu») avec Wassily Kandinski (1866–1944), Paul Klee (1879–1940) et August Macke (1887–1914). Il est surtout connu pour ses touchants tableaux d'animaux qu'il considérait comme des créatures éminemment spirituelles. Marc fut tué pendant la Première Guerre mondiale.
PAGES 130–131, 282

Marshall, John
actif entre 1840–1896
Peintre anglais qui exposa à Londres entre 1840 et 1896.
PAGES 16–17

Marshall, William Elstob
actif 1859–1881
Peintre anglais, il travailla à Londres et à Édimbourg.
PAGES 182–183

Memling, Hans
vers 1433–1494
Peintre flamand, il travailla surtout à Bruges. Memling suivit la tradition de Rogier van der Weyden (1399/1400–1464), mais dans un style plus souple. Il fit beaucoup de sujets religieux et de portraits. À Bruges, un musée lui est entièrement consacré.
PAGE 335

Menzel, Adolf von
1815–1905
Peintre et illustrateur allemand, il travailla surtout à Berlin. Il peignit des scènes empruntées à l'histoire de la Prusse ainsi que des sujets de la vie industrielle moderne. Doué d'un sens aigu de la lumière, il développa un style naturaliste, considérant l'impressionnisme comme «un art de la paresse».
PAGE 245

Miller, Paton
XXe siècle
Peintre américain, il a étudié à Honolulu et à New York où il vit et travaille actuellement, ainsi qu'à à Southampton.
PAGES 348–349

Morisot, Berthe
1841–1895
Femme peintre française, petite-fille de Jean Fragonard (1732–1806), elle adopta la technique impressionniste

et peignit surtout des femmes et des enfants. Elle fut très influencée par Edouard Manet (1832–1883) et, plus tard, par Pierre-Auguste Renoir (1841–1919).
PAGES 272–273

Moulins, le maître de
actif 1480–1500
Peintre français qui tire son nom du fameux retable de la cathédrale de Moulins. Son style où se mêlent le gothique tardif et les premiers courants de la Renaissance est marqué par l'influence de Hugo van der Goes (mort en 1482). Certains critiques pensent que le maître de Moulins pourrait être Jean Perréal, né à Paris en 1452.
PAGES 104–105

Musante, Ed
né en 1942
Peintre américain, né à Honolulu, Hawaï. Il a exposé dans de nombreuses galeries des États-Unis, dont la Schmidt Bingham Gallery de New York et la Campbell-Thiebaud Gallery de San Francisco.
PAGE 349

Muybridge, Eadweard
1830–1904
Anglais, pionnier de la photographie animale, il émigra aux États-Unis et changea son nom (originellement Edward Muggeridge). Il commença ses expériences photographiques

quand il était à la tête du service photographique du gouvernement américain. Ses résultats furent publiés dans deux ouvrages d'une importance capitale, *The Horse in Motion* (1878) et *Animal Locomotion* (1887), tous deux très utilisés par les peintres animaliers.
PAGES 76–77

Nasmyth, Alexander
1758–1840
Peintre écossais, élève d'Allan Ramsay (1713–1784). Il commença par faire des portraits mais fut surtout apprécié pour ses paysages. Nasmyth fit aussi des plans d'architecture et des décors de théâtre. Il fréquentait le milieu littéraire et fut un grand ami de Robert Burns (1759–1796).
PAGE 374

Nava, John
né en 1947
Peintre américain, il peint des portraits réalistes, des nus, des natures mortes. Excellent dessinateur, il a également fait des maquettes pour des spectacles de ballet et de théâtre.
PAGES 286–287

Ong, Diana
née en 1940
Artiste sino-américaine, elle est née et a fait ses études à New York. Artiste du multimédia, ses œuvres ont

été exposées dans plus de trente pays et reproduites sur de nombreuses jaquettes de livres.
PAGE 113

Palanker, Robin
née en 1950
Née à Buffalo, dans l'État de New York, elle a exposé ses toiles à la Patricia Shea Gallery de Santa Monica et au Riverside Art Museum de Californie. Elle a aussi travaillé au livre de Douglas Messerli, *Silence All Around Marked*.
PAGES 216–217

Palizzi, Filippo
1818–1899
Italien, ses trois frères furent également peintres. Palizzi est surtout connu pour ses paysages. Il fut un des tenants du mouvement réaliste en Italie et nommé à la tête de l'Académie de Naples en 1878.
PAGES 40–41

Parsons, Alfred
1847–1920
Paysagiste et aquarelliste anglais, il suivit les cours de la South Kensington School et exécuta de nombreux dessins pour des magazines anglais et américains. Il exposa à Londres en 1868 à la Royal Academy et au Royal Institute.
PAGES 290–291

Paton, Frank
1856–1909
Peintre anglais, il travailla à Londres et à Gravesend dans le Kent. Paton se spécialisa dans les scènes de chasse et la peinture animalière. Il exposait régulièrement à la Royal Academy.
PAGES 220–221

Peake, Robert
actif 1580–1626
Portraitiste anglais. Il fit beaucoup de tableaux pour Henry, prince de Galles (1594–1612) puis, en 1607, il devint peintre officiel de Jacques Ier (1566–1625).
PAGE 24

Piero di Cosimo
vers 1462–1521
Mystérieux peintre florentin, il fut l'élève de Cosimo Rosselli (1439–1507) et adopta son prénom. Dans ses *Vies d'artistes* Giorgio Vasari le décrit comme un excentrique, menant une vie de sauvage. Il est vrai que beaucoup de ses œuvres sont étranges, bourrées de compositions mythologiques défiant l'interprétation. *La Mort de Procris* (vers 1500) montre qu'il était néanmoins doué d'une authentique sensibilité. Il eut pour élève Andrea del Sarto (1486–1531).
PAGES 6, 71

Pierre, Christian
né en 1962
Artiste américain qui commença comme assistant joaillier. Il collabora à de nombreux projets décoratifs en Angleterre et aux États-Unis. Il tente, dans son œuvre, d'exprimer la simplicité de la vie et la faculté d'adaptation de l'homme.
PAGE 165

Price, Julius
1857–1924
Peintre anglais, il exposa à la Royal Academy en 1884 et à Paris.
PAGES 355, 381

Purdy, Gerald
né en 1930
Peintre et enseignant américain, il s'efforce de rendre l'humeur propre à chaque situation. De nombreuses galeries américaines ont acheté ses toiles et ses gravures.
PAGES 110–111

Raymond, Pierre
XVIe siècle
Artiste, graveur et émailleur français. Il travailla à Paris de 1534 à 1578, souvent pour François Ier (1494–1547). Il lui arrivait de signer Raxman ou Rexman.
PAGES 208, 251

Reinagle, Philip
1749–1833
Peintre écossais d'origine hongroise. Il s'installa en Angleterre en 1769 pour étudier à la Royal Academy. D'abord portraitiste, il se tourna bientôt vers la peinture animalière. Il fit, en particulier, vingt-quatre chiens très célèbres qui furent reproduits en gravures, largement diffusées dans *The Sportsman's Cabinet* (1803/04).
PAGES 8, 56–57

Reinagle, Richard Ramsay
1775–1862
Peintre anglais, fils de Philip Reinagle, il se forma en Italie et en Hollande avant de se spécialiser dans le portrait et la peinture animalière. Tout au long de sa carrière, il exposa à la Royal Academy.
PAGE 202

Renoir, Pierre-Auguste
1841–1919
Un des plus importants peintres de l'impressionnisme français. Il fut d'abord décorateur dans une fabrique de porcelaine avant d'entrer dans l'atelier de Charles Gleyre (1808–1874) où il se lia avec de futurs membres du groupe impressionniste. Il était particulièrement proche de Claude Monet (1840–1926) ; les deux amis avaient l'habitude d'aller peindre côte à côte sur les berges de la Seine. Renoir participa à des expositions

(petites touches séparées de couleur pure). Son *Dimanche d'été à la Grande Jatte* (1884–86) en est l'expression parfaite. La mort prématurée de Seurat, à l'âge de trente et un ans, mit fin à sa carrière alors qu'il était au sommet de ses moyens.
PAGES 192–193

Shonnard, Timothy
XXᵉ siècle
PAGES 257, 278–279

Smirke, Robert
1752–1845
Peintre et dessinateur anglais, il fut reçu à la Royal Académy en 1793. Ce fut un prolifique illustrateur, travaillant à de nouvelles éditions des *Mille et une nuits* et de *Don Quichotte*.
PAGE 367

Smythe, Edward Robert
1810–1899
PAGES 222–223

Specht, Friedrich
1839–1909
Peintre animalier, sculpteur, lithographe et illustrateur allemand. Il suivit les cours de l'Académie de Stuttgart et illustra *La Vie des animaux* du naturaliste Alfred Brehm (1829–1884) ainsi que des livres pour enfants.
PAGES 144–145

Sperling, Heinrich
1844–1924
Peintre allemand, portraitiste et animalier.
PAGES 308–309

Standing, Henry William
actif 1895–1905
PAGES 238–239

Stern, Pia
née en 1952
Artiste américaine, née en Californie, elle a beaucoup exposé, le plus récemment à la galerie Erikson & Elins de San Francisco.
PAGES 80–81, 217

Stevens, Gustav Max
1871–1946
Peintre belge, il a fait des portraits, des paysages et des fleurs. Il a également écrit et illustré *En province française*.
PAGES 96–97

Stobbaerts, Jan
1838–1914
Peintre et graveur belge, il fut formé par le peintre animalier Emanuel Noterman (1808–1863). Stobbaerts s'est spécialisé dans les paysages de la région d'Anvers. En 1884, il fut invité à exposer avec les XX. Il s'installa à Bruxelles deux ans plus tard.
PAGES 360–361

Stone, Marcus
1840–1921
Peintre anglais, il apprit le métier avec son père Frank, peintre également. Stone commença à travailler comme illustrateur, aidé par des écrivains amis de son père comme Charles Dickens (1812–1870) et William Makepeace Thackeray (1811–1863). Il se tourna ensuite vers des sujets historiques, et se passionna pour l'époque napoléonienne. La plupart de ses toiles sont dans une veine lyrique et romantique.
PAGE 100–101

Stretton, Philip
actif 1879–1922
Peintre anglais né à Londres. Animalier de talent, il peignait des scènes de chasse et des chiens de compagnie – le plus souvent dans des décors domestiques douillets. Il exposa de temps en temps à la Royal Academy.
PAGES 279, 284

Strozzi, Bernardo
1581–1644
Peintre italien de Gênes. Il entra dans l'ordre des Capucins vers 1597, mais le quitta pour s'occuper de sa mère. Il s'installa à Venise en 1631 où il gagna sa vie en faisant des portraits, des scènes de genre et des sujets religieux.
PAGE 325

Stubbs, George
1724–1806
Peintre et graveur anglais, essentiellement apprécié pour son exceptionnel talent d'animalier. Né à Liverpool, Stubbs était un autodidacte, mais sa grande connaissance de l'anatomie lui permit de peindre toutes sortes d'animaux. Son œuvre la plus célèbre, dans ce domaine, est *L'anatomie du cheval*, publiée en 1766. Il fut également un bon portraitiste.
PAGES 35, 62, 89–91

Suthers, Leghe
1856–1924
Peintre de genre anglais. Il exposa à Londres de 1885 à 1905.
PAGES 306–307

Tayler, John Frederick
1802–1889
Peintre et graveur anglais. Il fit ses études à l'Académie de Sass puis acheva sa formation à Paris chez Horace Vernet (1789–1863). Il partagea un atelier avec Parkes Bonington (1802–1828). Ses scènes de chasse sont excellentes.
PAGE 204

Tenré, Charles Henry
1864–1926
Peintre de genre et illustrateur français qui fut très attiré par la décoration. Il reçut la Légion d'honneur en 1900.
PAGES 161, 196

à la manière de Frans Snyders (1579–1657), son beau-frère.
PAGES 126–127

Walker, Robert
XXᵉ siècle
PAGE 364

Waller, Lucy
active 1882–1906
PAGES 198–199

Warden, John
XXᵉ siècle
PAGES 134–135

Warner, Christopher
né en 1953
Né dans le Montana, Warner, aujourd'hui peint et enseigne à Los Angeles. Il sait rendre la densité des paysages urbains comme la sérénité des grandes plaines. Ses toiles peuplées d'animaux sont exposées sur la côte ouest.
PAGE 111

Wetherbee, George Faulkner
1851–1920
Peintre américain, né à Cincinnati. Il fit ses études à Boston avant de s'embarquer pour l'Europe. Il finit par s'installer à Londres où il peignit des scènes pastorales très lyriques.
PAGES 210, 248

Wilcox, Fred
vers 1905–1964
Réalisateur américain. Il travailla d'abord comme publicitaire et fut ensuite l'assistant de King Vidor (1896– 1982). Wilcox dirigea trois des *Lassie* mais est surtout connu pour son film de science-fiction *Planète interdite* (1956).
PAGES 354, 364–365

Winsryg, Marian
née en 1941
Artiste américaine de Los Angeles, réputée pour ses tableaux d'animaux de compagnie. On peut voir ses toiles dans de nombreuses collections dont celle du musée du comté de Los Angeles, à l'Art Association de Los Angeles et à la Louisville Visual Art Association.
PAGES 200–201, 254, 266–267, 300

Woodward, Thomas
1801–1852
Peintre anglais né à Worcester, formé par Abraham Cooper, il devint un peintre de chasse renommé mais on a surtout retenu ses sujets historiques : *La Bataille de Worcester* et *La Lutte pour le drapeau* sont ses toiles les plus célèbres. Il travailla aussi pour la reine Victoria (1819–1901), peignant certains de ses chiens.
PAGES 52–53

Yaskulka, Hal
né en 1964
Peintre américain de Brooklyn, New York. Son répertoire très varié inclut des portraits, des paysages, des fresques pour des lieux publics et des travaux graphiques pour des labels de disques.
PAGES 264–265, 286

crédits

AKG LONDRES

pp. 40–41, 46, 78, 102, 136, 143, 145, 206, 224–225, 226, 227, 234, 242, 244, 309, 317, 323, 337, 338, 346, 358, 359, 364, 365, 366, 375, 380, 382 / Paul Almasy 168, 239 / Alte Pinakothek, Munich 48, 335 / Galerie Nationale de Berlin 245 / Bibliothèque Nationale, Paris 32 / Museum der Bildenden Künste, Leipzig 277 / Galerie Borghese, Rome 26 / British Museum, Londres 318 / Cameraphote 295 / Musée capitolin, Rome / Eric Lessing 137 / Harris Museum et Art Gallery, Preston 379 / Musée national de l'hôtel de Cluny / Eric Lessing 320. Archiv f. Kunst & Geschichte, Berlin, 94, 146, 154, 368–369. Kunsthistorisches Museum, Vienne / Eric Lessing, 313, 328 / Eric Lessing 319, 332 / Musée du Louvre / Eric Lessing 22, 39, 138, 139, 373 / Musée national archéologique de Naples / Eric Lessing 89 / Postdam, Berlin 75 / Musée du Prado 276, 312 / Collection privée Eric Lessing 187 / Rabat, Musée archéologique / Eric Lessing 123 / Musée Rodin / Eric Lessing 105 / Staatsgalerie, Stuttgart / Eric Lessing 343 / Statens Museum for Art, Copenhague 191 / Galerie Tretjakov, Moscou 151 / Universitätbibliothek, Bâle 176 / Westfälisches Schulmuseum Dortmund 155.

BRIDGEMAN ART LIBRARY

Londres / New York pp / Aberdeen University Library, Écosse 331 / Ackermann & Johnson Ltd. Londres, GB 178, 222 / Ashmolean Museum Oxford, GB 315 / Musée Barbier Mueller, Genève, Suisse / Musée des Beaux-Arts, Strasbourg, France 297 / Musée des Beaux-Arts, Tourcoing, France 97 / Chris Beetle Ltd. Londres, GB 290–291 / Berko Fine Paintings, Knokke-Le-Zoute, Belgique 96, 360 / Bibliothèque de l'Arsenal, Paris, France 104 / Bibliothèque Nationale, Paris, France 362–363 / Birmingham Museum & Art Gallery, Angleterre 93 / Bonhams, Londres, GB 20, 21, 34, 37, 44, 56, 59, 68, 85, 106, 167, 170, 172–173, 179, 180, 181, 182, 184, 198–199, 205, 274, 279, 284, 292, 306, 307, 308, 344 / British Library, Londres, GB 190, 219, 269, 321 / British Museum, Londres, GB 19, 153 / Burghley House Collection, Lincolnshire, GB 378 / Cadogan Gallery, Londres, GB 260 / Simon Carter Gallery, 197 / Christie's Images 24, 43, 103, 107, 132–133, 220, 235, 248, 268, 374, 383 / Musée Condé, Chantilly, France 38 / Collection Anthony Crane 144 / Dreweatt Neate Fine Arts Auctioneers, Newbury, Berks, GB 166 / Eaton Gallery Princes Arcady,

Londres 241 / Musée et galeries d'art de la ville d'Édimbourg, Écosse 72 / Elgin Court Designs Ltd., Londres, GB 95 / Falmouth Art Gallery, Cornouailles, GB 193 / Villa Farnèse, Caprarola, Italie 314 / Fine-Lines (Fine Art) 230 / Fitzwilliam Museum, université de Cambridge, GB 231, 236 / Fleur-de-Lys Gallery, Londres, GB 42 / Forbes Magazine Colections, New York, USA 92 / Gavin Graham Gallery, Londres, GB 183 / Guildhall Art Gallery, Corporation de Londres, GB 367 / Haags Gemeentemuseum, Pays-Bas 371 / Johnny van Haeften Gallery, Londres, GB 148–149, 310–311, 326–327 / Haynes Fine Art à la galerie Bindery, Broadway 74 / Hermitage, St. Pétersbourg, Russie 67 / Historisches Museum der Stadt, Vienne, Autriche 129 / Illustrated London News, GB 341 / Iona Antiques, Londres, GB 201 / John Jesse, Londres, GB 377 / Kunsthistorisches Museum, Vienne, Autriche 130 / Kunstmuseum, Düsseldorf, Allemagne, 130 / Louvre, Paris, France 23, 152 / Collection Makins 229 / Galerie Daniel Malingue, Paris, France 169 / Mallet & Son Antiques Ltd., Londres, GB 98, 262–263 / Galerie Josef Mensing, Hamm-Rhynem, Allemagne 196 / Galerie David Messum, GB 221 / Metropolitan Museum

of Art, New York, USA 275 / Roy Miles Gallery, Londres, GB 28–29, 30–35, 53, 57, 270–271 / National Gallery, Londres, GB 70–71, 192 / Bibliothèque Nationale d'Australie, Canberra, 298–299 / Musée de l'Orangerie, Paris, France 237 / Musée d'Orsay, Paris, France 186, 214–215 / Palais Pitti, Florence, Italie 194 / Musée du Petit Palais, Paris, France, 272, 372 / Philips the Fine Arts Auctioneers, GB 332 / Cathédrale du Prato, Italie 330 / Collection privée 33, 35, 47, 124–125, 128, 171, 202, 223, 238–239, 240, 249, 324, 333, 334 / Musée municipal de Saint Germain, France 218 / Santo Stefano, Gênes-Borzolli, Italie 325 / Chapelle Arena (Scrovengi), Padoue, Italie 250, 329 / Smith Art Gallery & Museum, Stirling, Écosse, 232–233 / Sotheby's Londres, GB 90–91 / Staatliche Schlösser und Gärten, Postdam, Allemagne 83 / Collection Stapleton 58 / 76, 77 / Thorvaldsens Museum, Copenhague, Danemark 228 / Galerie Tretyakov, Moscou, Russie 99 / Galerie nationale d'Ombrie, Pérouse, Italie 195 / Rafaels Valls Gallery, Londres, GB 30, 126, 252 / Victoria & Albert Museum, Londres, GB 25, 73, 127, 130, 204 / Wallace Collection, Lon-

dres, GB 49, 213, 296 / Walters Art
Gallery, Baltimore, Maryland, USA
251 / Wingfield Sporting Gallery, Lon-
dres, GB 16–17, 27 / Wolverhamton
Art Gallery, West Midlands, GB
100–101 / Christopher Wood Gallery,
Londres 381 / York City Art Gallery,
North Yorkshire, GB 52, 174, 376.

NOHRA HAIME GALLERY
New York, p. 348

HULTON GETTY
pp. 54–55, 142, 183, 188–189, 203,
212, 243, 246, 247, 280, 281, 293,
361.

LIZARD / HARP GALLERY
Los Angeles pp / Carlos Almaraz 122 /
Robert Bissell 288 / Theophilus Brown
86 / Jo Ann Callis 69, 345 / Maravillas
Carrion 60, 87, 285 / Greg Chadwick
81 / Michael Chapmann 108 / Wes
Christensen 265 / Miguel Condé 131,
357 / Jorg Dubin 261 / Moira Hahn
258 / Gaylen Hansen 3, 45, 66, 79,
121, 147, 164, 177, 350, 370 / Chuck
Huang 340 / Mayde Meiers Herberg
82, 316 / Laurie Hogin 336 / Anthony
Holdsworth 4 / Christopher James 88 /
Leonard Koscianski 114, 135 / Richard
López 283, 294 / Ed Musante 349 /
John Nava 287 / Robin Palanker 216 /
Gerald Purdy 110 / Frank Romero 84,
158 / Pia Stern 80, 217 / Christopher
Warner 111 / Marian Winsryg 200,
266–267, 300 / Hal Yasulka 264, 286.

TONY STONE IMAGES
pp. 356 / Brian Bailey 18 / Daryl Balfour 140–141 / James Balog 156–157 /
Gary Hush 120 / Timothy Shonnard
278 / Bob Torrez 347 / John Warden
134.

SUPERSTOCK / CHRISTIE'S IMAGES
273, pp. 282 / Thomas Hager 112 /
Diana Ong 113 / Collection privée /
Christian Pierre 165.

© DACS
1999 pp. 154, 169, 343, 383.
© David Hockney / photo Steve Oliver
p. 2.

REMERCIEMENTS POUR LES TEXTES
« The New Anubis » de Patrick Chal-
mers, avec l'aimable autorisation
de Methuen Publishing Ltd ; « Mad
Dogs and Englishmen » de Noel Co-
ward, avec l'aimable autorisation
de Methuen Publishing Ltd ; « Asking
a working writer » de Christopher
Hampton, © chez Christopher Hampton 1977, avec l'aimable autorisation
de Casarotto Ramsay & Associates
Ltd ; « I knew that a man who cares
for dogs is one thing » de Rudyard
Kipling, avec l'aimable autorisation
de A. P. Watt Ltd pour le compte de
The National Trust for Places of
Historic Interest or Natural Beauty ;
« Of all the dogs that are so sweet »
de E. V. Lucas, avec l'aimable autorisation de Methuen Publishing

Ltd ; « At one of the last dog shows »
by James Thurber. Copyright © 1955
chez James Thurber. Copyright © re-
nouvelé en 1983 pour Helen Thurber
and Rosemary A. Thurber. Réimprimé
en accord avec Rosemary A. Thurber
et The Barbara Hogenson Agency.

*Malgré d'intenses recherches, il ne
nous a pas été toujours possible de
retrouver les détenteurs des droits
pour les illustrations et les citations.
Les revendications légitimes seront
naturellement satisfaites dans le
cadre des conventions usuelles.*